MÁS ALLÁ
DE LAS ESTRELLAS
¿ESTAMOS SOLOS EN EL UNIVERSO?

ÁLEX RIVEIRO

MÁS ALLÁ
DE LAS ESTRELLAS
¿ESTAMOS SOLOS EN EL UNIVERSO?

ALFAGUARA

Papel certificado por el Forest Stewardship Council®

Primera edición: abril de 2021

Printed in Spain – Impreso en España

ISBN: 978-84-204-4415-4
Depósito legal: B-757-2021

Maquetación: Miguel Ángel Pascual
Impreso en Romanyà Valls, S.A.
Capellades (Barcelona)

AL 4 4 1 5 4

Tarde o temprano, llega un momento en nuestra vida en el que no podemos evitar dejar volar la imaginación. Conjuramos mundos lejanos, en torno a otras estrellas, rebosando vida con criaturas que, de un modo u otro, se parecerán a nosotros.

Después, no podemos evitar preguntarnos cómo serán. ¿Tendrán la capacidad de viajar a otros lugares de la galaxia? ¿Podrán desplazarse a través de mecanismos como un agujero de gusano? ¿Cómo será su mundo natal?

Como criaturas curiosas que somos, una de las preguntas más repetidas es, sin duda, la de si estamos solos en el universo. *Más allá de las estrellas* no puede dar esa respuesta. A decir verdad, ahora mismo nadie puede contestar con certeza. Hay motivos para pensar que sí, pero hay también indicios que nos dicen que puede que ese anhelo sea, simplemente, un deseo más que algo que debamos esperar que se convierta en realidad.

Por ello, la búsqueda de vida extraterrestre inteligente es uno de los campos más interesantes de la astronomía. Es la búsqueda de criaturas que han vivido experiencias muy diferentes a las nuestras.

Criaturas que quizá sean pacíficas, o quizá sean agresivas. Criaturas que, como nosotros, habrán tenido que sobreponerse a mil y una dificultades.

O, dicho de otra manera, en este viaje, en el que estás a punto de embarcarte, quizá descubras que la auténtica pregunta puede que no sea si estamos solos en el universo. La gran pregunta puede que sea si podemos llegar a ser tan buenos como esas sociedades idílicas que solemos imaginar, más allá de los confines del Sistema Solar…

Álex Riveiro

ÍNDICE

PRÓLOGO

Desde pequeños, una de las primeras preguntas que nos hacemos es qué son esos puntos que podemos observar cada noche en el firmamento. No mucho tiempo después, aprendemos que son estrellas, como el Sol. Posiblemente, muchas de ellas tengan planetas a su alrededor. **Alguno de esos mundos, en toda la inmensidad de la Vía Láctea, podría llegar a tener las condiciones necesarias para ser habitable.** En su superficie podría haber criaturas, como tú y como yo, preguntándose si en otros lugares de la galaxia habrá seres como ellos…

Una vez que caemos en esa reflexión, una catarata de preguntas nos acompañará el resto de nuestra vida: ¿Estamos solos en el universo? ¿Hay vida en otros lugares del Sistema Solar? ¿Y en la Vía Láctea? ¿Cuántas civilizaciones existen en la galaxia? ¿Cuántas existen en el conjunto del universo observable? ¿Somos los primeros en aparecer en el universo? ¿Qué tecnología tendrán otras civilizaciones? ¿Cómo se comunicarán entre ellas? ¿Podrán viajar en naves espaciales a otras estrellas? ¿Serán capaces de expandirse por toda la galaxia y colonizar otros lugares? La avalancha de preguntas es imparable. Tiene mucho que ver con quiénes somos. El ser humano es curioso por naturaleza. Somos exploradores.

Por ello, no resulta sorprendente que, con el paso del tiempo, y con la Tierra virtualmente explorada hasta sus confines (salvo las profundidades de los océanos), nuestra vista vaya más allá de este pequeño planeta. **A las reflexiones sobre cómo podrían ser esas otras criaturas inteligentes de la Vía Láctea, les siguen otras preguntas mucho más cercanas y menos ambiguas...**

¿Podemos encontrar vida en otros lugares del universo? ¿Hay vida inteligente más allá de la Tierra? Si es así, **¿dónde están esas civilizaciones?** ¿Podemos esperar contactar con ellos en algún momento? Y, si no es así, ¿por qué? Nuestro universo es favorable para la vida, como lo muestra el mismo hecho de que estemos aquí. ¿Por qué iba la Tierra a ser el único mundo habitado de la galaxia? Puede parecer extremadamente improbable. Sin embargo, hasta que se demuestre lo contrario, es cierto que solo conocemos un mundo habitado: el nuestro.

Arthur C. Clarke, un conocidísimo escritor británico, autor de la maravillosa *Odisea en el espacio* (a la que pertenecen obras como la legendaria *2001: una odisea en el espacio*), nos dejó una frase que resume esta cuestión a las mil maravillas: «Hay dos posibilidades: o estamos solos en el universo, o no lo estamos. Ambas son igual de *aterradoras*».

No es simple retórica. Si estamos solos, por citar a otra gran figura del siglo XX, como lo fue el genial Carl Sagan, *qué cantidad de espacio desaprovechado*. Si no estamos solos, sin embargo, es posible que nuestra mente recuerde las advertencias de figuras como Stephen Hawking, que dudaba de si realmente era sabio enviar mensajes a otros lugares de la galaxia. **¿Y si allí fuera hubiese una civilización extremadamente agresiva y mucho más avanzada?** Puede que solo estén esperando una señal, un indicio de nuestra existencia, o de cualquier otra civilización, para lanzarse a su búsqueda y poner fin a su breve existencia. O quizá, por el contrario, esos mensajes son la única forma que tenemos de hacer saber, a esas otras civilizaciones que pudiese haber en la galaxia, que estamos aquí. Que no están solos, que no estamos solos…

En estas páginas no descubrirás si hay vida en otros lugares de la galaxia. Simplemente, es algo que todavía no se puede afirmar. Pero descubrirás por qué se piensa que sí y por qué se piensa que no. También veremos cómo se está intentando encontrar la respuesta a esa gran pregunta, buscando vida en el Sistema Solar y en otros lugares de la galaxia. Hablaremos de cómo podrían ser esas civilizaciones, de cómo podríamos comunicarnos con ellas y de mucho más. Pero, **al final del viaje, quizá descubras que la búsqueda de lo que podría haber en otros lugares es una gran herramienta para conocer mejor lo que tenemos aquí…**

CAPÍTULO I
¿POR QUÉ ESTAMOS AQUÍ?

Puede que la pregunta más compleja que nos podamos hacer tenga tan solo tres palabras... **¿Por qué existimos?** No me refiero, en este caso, a cuál es el propósito de nuestra existencia como individuos. Tampoco a la presencia de nuestra especie (en cuyo caso podríamos decir que nuestro papel, simplemente, es el de asegurar su perpetuidad). Es necesario ir un paso más allá. **¿Por qué hay vida en el universo?** Tras esa pregunta se esconde una maraña de posibilidades, a cuál más compleja. Algunas son tan intrigantes como desconcertantes: si nuestro universo es habitable, y tiene las características necesarias para serlo, debe haber otros universos que, por definición, no lo sean.

En este contexto, nuestra presencia es simplemente una inevitabilidad. Es decir, **existimos porque el universo es favorable para la vida.** Otros universos, incapaces de ofrecer condiciones óptimas para la aparición de formas de vida, nunca tendrán criaturas que se puedan hacer esas mismas preguntas. Eso, claro está, suponiendo que realmente puedan existir otros universos. La idea del multiverso ofrece muchas respuestas a algunas de las preguntas más complejas, pero solo es una hipótesis. Es decir, no tenemos forma alguna de demostrar que realmente puedan existir esos otros universos. Quizás en el futuro se encuentre alguna, pero hoy en día no es así.

Tampoco el propósito de este libro es adentrarse en la cosmología para hablar de las diferentes posibilidades que permitirían plantear que nuestro universo podría no ser el único. En este contexto, en realidad, podemos conformarnos con la idea de que, al menos en teoría, podría haber otros universos además del nuestro. Suponiendo que esa hipótesis fuese correcta, querría decir que estamos aquí porque en otros universos la vida no tiene posibilidad alguna de surgir. Por extensión, podría haber muchos otros universos (infinitos, tal vez, plantearían algunos) que también sean aptos para la vida.

Si dejamos a un lado ese marco de posibilidades, nos enfrentamos a un hecho para el cual no parece haber una respuesta obvia, pero que nos lleva a plantear preguntas para las que podemos intentar ofrecer soluciones. Está claro que, al margen del motivo (ya sea por mero azar o porque realmente formamos parte de un multiverso, en el que hay universos habitables e inhabitables), estamos aquí. **La vida comenzó en la Tierra hace unos 3500 millones de años.** Pero la pregunta que nos interesa va un paso más allá. ¿Pudo aparecer antes? Es decir, ¿somos el primer planeta habitado en la historia del universo? ¿Cuándo pudo aparecer el primer mundo habitado? ¿Y el primer planeta rocoso que ofreciese las condiciones apropiadas?

Nos remontaremos al Big Bang. **Hace 13 800 millones de años, el universo comenzó su andadura.** Ya solo en su primer segundo, experimentó cambios profundos. **Su tamaño se expandió desde algo inferior a un átomo a algo superior a decenas de años-luz.** Las interacciones fundamentales (o las fuerzas de la naturaleza, como se las denomina popularmente) se separaron y se convirtieron en las cuatro que conocemos: la interacción nuclear fuerte, la interacción nuclear débil, el electromagnetismo y la gravedad. Además, en los primeros minutos de su existencia, se formaron los primeros elementos del universo: hidrógeno, helio y pequeñas cantidades de litio.

Las primeras estrellas, por tanto, **solo pudieron formarse dependiendo de estos elementos.** Fueron estrellas muchísimo más masivas que el Sol, que vivieron vidas muy breves, de apenas unos pocos millones de años, y formaron en su interior elementos más pesados. Allí, en el interior de aquellos gigantescos hornos estelares, en un lapso extremadamente breve en la escala astronómica, se **formaron elementos más pesados e imprescindibles para la vida:** oxígeno, nitrógeno, carbono, hierro…

Poco a poco, desde el punto de vista de la variedad de elementos disponibles, el universo se fue enriqueciendo. Esas primeras estrellas (y galaxias) debieron formarse, aproximadamente, cuando el cosmos tenía entre 150 y 200 millones de años. Por eso, **podemos estimar nuestro punto de partida**, como muy pronto, en algún momento posterior, **cuando la cantidad de elementos más pesados fue lo suficientemente alta como para que se pudiesen dar las condiciones necesarias para la formación de la vida.**

A eso deberemos sumarle **la necesidad de tener un planeta en la zona habitable** de una estrella. A grandes rasgos, y de forma muy simplificada, la zona habitable indica la franja, alrededor de una estrella, en la que un planeta podría tener agua líquida. Si abandonamos esa franja y nos acercamos todavía más a la estrella, la temperatura será demasiado alta. Si nos alejamos, la temperatura será demasiado baja. **Este razonamiento es aplicable a cualquier tipo de estrella**, y, por tanto, nos sirve incluso con astros que vivieron miles de millones de años antes de que se formase nuestro Sol.

En este punto, es imprescindible aclarar que **estamos hablando de vida como la que conocemos**. ¿Podría haber otras formas de vida, con una base diferente? Es decir, que en lugar de carbono usen por ejemplo… ¿silicio? La teoría dice que sí, aunque hay matices que apuntan a que podría ser más complicado de lo que solemos imaginar. Lo importante, sin embargo, es que no podemos limitarnos a una hipótesis. **Es necesario comenzar por algún lugar, y lo lógico es recurrir a aquello que ya sabemos que funciona.** Es decir, a nuestro propio planeta y a la vida que podemos encontrar en él. Esto nos trae de nuevo a la zona habitable. **El agua es un elemento imprescindible**, así que necesitaremos tener un mundo que, como la Tierra, se encuentre a la distancia apropiada de su estrella como para que pueda tener agua en su superficie.

Hace ya unos cuantos años, el telescopio Hubble estudió el cúmulo globular Messier 4. Un cúmulo globular es una gigantesca agrupación de estrellas (en ocasiones incluso de millones de astros), como el cúmulo globular Omega Centauri, el más grande conocido, compuesto por estrellas muy viejas. Allí, el telescopio detectó un planeta similar a nuestro Júpiter, con 2,5 veces su masa. Un gigante gaseoso formado principalmente por hidrógeno. Pero aquel mundo es mucho más antiguo que el nuestro. Se determinó que, aproximadamente, tiene unos 13 000 millones de años. Es decir, **antes de que el universo cumpliese 1000 millones de años, ya se estaban formando los primeros planetas**. A lo largo del tiempo, los estudios se han sucedido dejándonos estimaciones incluso más rápidas. **Es posible que los primeros planetas comenzasen a formarse apenas 300 millones de años después del Big Bang.**

Pero sus estrellas no serían lo suficientemente longevas como para que la vida surgiera. A fin de cuentas, estamos todavía en las primeras etapas del cosmos, en las cuales las estrellas habrían sido mucho más masivas que nuestro Sol y habrían tardado poco tiempo en vivir. Es una de las ironías del universo. **Las estrellas más masivas tienen vidas más**

breves que las menos masivas. El Sol vivirá 10 000 millones de años, de principio a fin. Betelgeuse, una de las estrellas más populares del firmamento, mucho más masiva que la nuestra, vivirá apenas 10 millones de años. Próxima Centauri, por el contrario, una enana roja, con apenas una fracción de la masa de nuestra estrella, se estima que podría vivir en torno a unos 4 trillones de años. Muchísimo más que el astro que ilumina el Sistema Solar.

Dicho de otro modo, en las primeras etapas del universo tendríamos que esperar a que madurase lo suficiente para que se formasen estrellas menos masivas, más longevas. Se calcula que, aproximadamente, **las primeras estrellas similares al Sol, con planetas parecidos a la Tierra a su alrededor y con una abundancia suficiente de elementos necesarios para la vida, debieron darse hacia los 2000 millones de años.** En principio, no debería haber nada que impidiese, ya en aquel entonces, que la vida apareciese en algún planeta que reuniese las condiciones apropiadas. ¿Esto quiere decir que la vida existe en nuestro universo desde hace miles de millones de años y que debería haber planetas con una historia evolutiva muchísimo más larga que la nuestra?

Seguramente sintamos una enorme tentación de responder a esa pregunta con un rotundo sí. Pero cabe recordar que **desconocemos cómo apareció la vida en la Tierra.** Sabemos que nuestro Sistema Solar tiene 4500 millones de años. Es muchísimo más joven, en comparación, que sistemas estelares que aparecieron en la infancia del cosmos. También se ha observado que **la vida apareció en nuestro planeta casi tan pronto como fue posible**. Las evidencias más antiguas que se han encontrado apuntan a que la Tierra **ya tenía vida hace unos 3500 millones de años**. Hay motivos para creer que podría ser incluso anterior y que pudo aparecer hace más de 4000 millones de años. **El inconveniente es que es el único planeta habitado que conocemos.**

Por lo que nos encontramos con multitud de preguntas de las que no podemos extrapolar nada. Por ejemplo, **¿es habitual que la vida aparezca en un planeta habitable tan pronto como sea posible? Quizá sí, o quizá no.** Si un planeta es habitable, ¿surgirá siempre la vida en él? Aquí podemos suponer que no parece ser el caso. En el Sistema Solar se ha planteado que tanto Venus como Marte fueron mundos habitables hace miles de millones de años. Ambos debieron tener, durante un tiempo al menos, condiciones muy similares a las de nuestro planeta.

Sin embargo, **no se ha encontrado evidencia alguna de vida en Marte,** al menos por ahora. Eso no quiere decir, ni mucho menos, que la posibilidad esté descartada. Al contrario. La exploración del planeta rojo se encuentra en un punto apasionante. Misiones como Perseverance tienen como objetivo, precisamente, determinar si allí la vida llegó a surgir.

No podemos decir lo mismo de Venus. Por sus condiciones infernales (tiene una temperatura de 460 °C de media y su atmósfera supera en 92 veces la presión de la atmósfera de nuestro planeta), su exploración es muy compleja. No ha sido tan estudiado como el planeta rojo. Hay lagunas muy grandes en nuestro conocimiento sobre Venus como para saber si realmente pudo tener vida en el pasado. Y no parece que la situación vaya a cambiar en un futuro cercano. Aunque se han planteado algunas misiones, como Venera-D, por parte de Roscosmos, la agencia espacial rusa, lo cierto es que **casi toda la atención está puesta en Marte**.

Supondremos en este caso, de todos modos, que la respuesta es no. **No todos los planetas potencialmente habitables llegan a desarrollar vida.** Es una suposición que resulta lógica, porque no basta con estar a la distancia correcta de una estrella. No sirve de nada si, por ejemplo, el planeta no tiene atmósfera. O si tiene una atmósfera demasiado densa y su composición es completamente incompatible con la vida. **Una cosa es encontrar un mundo en la zona habitable, y otra es que sea idéntico a la Tierra en el resto de los aspectos.** Puede que sea un objeto que nunca llegó a retener su atmósfera.

Podemos trasladar estos mismos escenarios a los primeros planetas. ¿Es posible que, hace 11 000 millones de años, la vida surgiera en algún lugar de la Vía Láctea? Puede que sí… y puede que no. Quizá, en algún lugar, llegase incluso a aparecer una civilización que, simplemente, se extinguió porque no logró escapar antes de que algún asteroide chocase con su superficie. Pero vamos a intentar no adelantarnos a los acontecimientos. Para entender mejor toda esta problemática, es necesario hablar de cómo se cree que apareció la vida en la Tierra, porque se han planteado diferentes mecanismos, y algunos tienen implicaciones de lo más interesantes cuando pensamos en el conjunto de la Vía Láctea.

Así que volvamos, una vez más, a la formación del Sistema Solar, hace 4500 millones de años, justo después de que nuestro planeta se enfriase. No hay muchas dudas en torno a cuándo apareció la vida en la Tierra en términos generales. Puede que se diera tan solo 100 millones de años después de su formación (como se ha llegado a plantear en algunos estudios), o que apareciese hace 3700 millones de años. Pero, en cualquier caso, apareció rápidamente. Durante la mayor parte de su historia, nuestro planeta ha estado habitado. La cuestión realmente intrigante es, en realidad, cómo apareció. Es decir, ¿cómo se formaron las primeras moléculas complejas? ¿Qué provocó la aparición del ARN? ¿De dónde llegó ese material?

El bioquímico soviético Alexander Oparin (1894-1980) planteaba que no hay grandes diferencias entre un organismo vivo y la materia inerte. Es decir, **las características de la vida debieron surgir como evolución de la propia materia.** Su teoría es la de la sopa primordial, y nos traslada a una Tierra muy diferente a la que conocemos en la actualidad. Oparin planteaba que la atmósfera del planeta, en su infancia, tenía una gran cantidad de metano, amoniaco, hidrógeno y vapor de agua. Entendía que todos ellos eran imprescindibles para que pudiese aparecer la vida.

Al principio, solo había soluciones simples de materia orgánica, cuyo comportamiento estaba regulado por las propiedades de sus átomos y cómo se combinaban para formar moléculas. **Con el tiempo, esos compuestos orgánicos se organizarían en sistemas microscópicos que servirían de antesala para la formación de los seres vivos primitivos.** Y no solo eso. **Oparin planteaba que pudo haber diferentes sistemas microscópicos** y que solo uno (o quizá varios) fueron los más aptos para permitir la aparición de la vida. Después, **el resto de la historia se desarrollaría según la evolución.**

En la década de 1920, John Burdon Sanderson Haldane, un biólogo británico, plantea algo bastante similar a lo propuesto por Oparin e introduce el concepto de **abiogénesis**. El océano primitivo de la Tierra era una gran sopa primordial. Según Haldane, este océano contenía diferentes compuestos orgánicos que, en condiciones apropiadas, pudieron desencadenar la aparición de la vida.

En ambos casos, el planteamiento básico es el mismo. **De la materia inerte, de algún modo, pasamos a los primeros seres vivos de nuestro planeta.** Es justo decir que uno de los experimentos más célebres, en este sentido, fue el de Miller y Urey, del que hablaremos con detenimiento en un capítulo posterior. Su trabajo es, todavía hoy, muy intrigante. A fin de cuentas, no precisa más que de unas condiciones específicas. **Si la receta es la adecuada, según este hilo de pensamiento, la vida debería tener una buena oportunidad para aparecer.**

Sea como fuere, **permitió plantear que la abiogénesis podría ser una respuesta válida.** Es decir, que la vida podría desarrollarse por sí misma. Si nos quedamos con este escenario, la pregunta que nos viene a la cabeza es… **¿es frecuente este proceso en otros planetas? No sabemos cuál es la respuesta, todavía, pero es posible que sí.** En realidad, **estamos compuestos por los elementos más abundantes del universo.** Es fácil imaginar que multitud de mundos puedan tener esos mismos elementos. En alguna parte de la galaxia, debería haber planetas que tengan una atmósfera similar a la que tuvo la Tierra hace 4500 millones de años. **El experimento de Miller-Urey, en el fondo, nos sigue dejando la pregunta del millón: ¿Cuál fue la chispa de la vida?** Podemos encontrar aminoácidos en muchos lugares y de diferentes tipos, y eso no implica que estemos ante formas de vida. De hecho, **hay más aminoácidos de los que están involucrados en la vida en la Tierra.**

Esto nos lleva a la otra posibilidad, quizá más tentadora porque abre un abanico que resulta tan cautivador como misterioso. **Frente a la abiogénesis, la posibilidad de que la vida surgiese de la materia inerte en la Tierra gracias a sus características, tenemos la panspermia.** Es, probablemente, la hipótesis más popular en el imaginario colectivo. Está en constante evolución, con nuevos estudios que plantean que podría tener lugar en escalas cada vez más grandes, y con variantes muy diferentes.

Por ejemplo, por un lado, se plantea **la panspermia tradicional**, por la cual **los microorganismos estarían presentes en todo el universo**. Serían los asteroides, cometas, meteoroides… los encargados de llevar esa vida microscópica a planetas como la Tierra. Puede parecer una posibilidad atractiva, pero elude la gran pregunta… ¿Cómo aparecieron esos microorganismos por primera vez? Además, plantea sus propios desafíos. Por ejemplo, ¿cómo debería ser el impacto de un asteroide para que los microorganismos que pudiese llevar consigo sobreviviesen y tuviesen la oportunidad de adaptarse a su nuevo hogar? ¿Durante cuánto tiempo puede aguantar un microorganismo viajando a través del espacio?

Quizá por todo esto hay una segunda variante, a la que llamamos **panspermia suave**, que parece mucho más popular. En vez de microorganismos, lo que se plantea es que **los bloques básicos de la vida se forman en el espacio y se incorporan a las nebulosas**. Hay que recordar, en este punto, que **las nebulosas son nubes de gas y polvo donde, en algunos casos, se forman las estrellas**. Nuestro Sol se formó en el interior de una nebulosa (concretamente, una región de formación de estrellas, dado que hay otros tipos de nebulosas), en la que, según plantearía esta versión, ya habría compuestos orgánicos. **Lo más intrigante es que hay motivos para creer que esta idea podría tener más valor del que parece.**

Podemos tomar como ejemplo **el meteorito Murchison**, que cayó en Australia en 1969. Un análisis reveló la existencia de 70 aminoácidos, incluyendo algunos de los utilizados por la vida. Por lo que tenemos motivos para pensar **que quizá los bloques básicos de la vida pudieron llegar a través de asteroides y cometas** que, en la infancia de la Tierra, chocaron con nuestro planeta. Las condiciones de nuestro mundo, junto con el paso del tiempo, harían el resto.

Lo interesante de este planteamiento es que nos presenta un método de transporte que parece razonable. Durante la infancia de un sistema estelar, las órbitas son inestables. Todo el sistema está en fase de estabilización. Junto con los planetas, habría multitud de objetos con órbitas que los llevaron a chocar en sus superficies, entregando su material. En algunos casos, serían incapaces de ofrecer condiciones necesarias para la vida, bien porque no están en la zona habitable, porque carecen de atmósfera o por cualquier otro motivo. En otros, sin embargo, las condiciones podrían ser las apropiadas, independientemente de que la vida surja o no.

Si nace la vida en uno de esos planetas, como la Tierra, **es posible que incluso después esta vida se esparza a otros lugares de su propio sistema planetario.** Si la teoría de la panspermia es correcta, cabe la posibilidad de que la colisión de un cometa o asteroide provoque que una pequeña parte de la superficie, en la que pueda haber vida microscópica, sea expulsada al espacio. Tras miles de años de viaje, puede aterrizar en la superficie de otro mundo. Si sus condiciones son las apropiadas, **podría ocurrir que esa vida, naci-**

da en otro planeta, sea capaz de adaptarse y comenzar a evolucionar en su nuevo mundo.

El mayor impedimento, en este caso, es el ya mencionado de la supervivencia de esos microorganismos. Pero supongamos por un momento que fuese posible sobrevivir. ¿Es posible que la vida de la Tierra no sea de nuestro planeta? Es decir…, ¿y si la vida apareció en Marte, por poner un ejemplo (el otro sería Venus), y llegó a nuestro planeta posteriormente gracias al impacto de un asteroide? También podemos darle la vuelta. Si encontrásemos fósiles en Marte, no se podrá descartar la posibilidad de que, en realidad, estemos viendo vida pasada de la Tierra que, de alguna forma, terminó llegando también al planeta rojo.

Es un mecanismo que puede explicar cómo la vida podría expandirse, en un mismo sistema planetario, hasta terminar apareciendo en otros mundos que también sean habitables. Esto nos permite imaginar escenarios como el del sistema TRAPPIST-1. Se trata de una pequeña estrella, mucho más tenue que el Sol, que tiene siete planetas rocosos a su alrededor. Tres de ellos están en la zona habitable. Si la vida apareció en alguno de ellos (aunque no hay nada, en estos momentos, que nos lleve a pensar que fue así), bien podría haber viajado a otros mundos del sistema, permitiendo que se expandiese. Podemos dar incluso un paso más.

En los últimos tiempos hemos descubierto **la llegada de objetos interestelares al Sistema Solar**. Es decir, **objetos**

que no se formaron en nuestro sistema estelar, sino en torno a otras estrellas, y que generalmente se trata de asteroides o cometas. Oumuamua fue el primero, observado a finales de 2017. El segundo, Borisov, fue descubierto en agosto de 2019. **Ambos nos sirven para abrir la puerta a la panspermia interestelar.** Un cometa interestelar que, tras un largo viaje por la galaxia, termina estrellándose en la superficie de un mundo lejano, pero habitable, permitiendo que la vida pueda surgir.

La teoría, en cuanto a los objetos se refiere, es correcta. Sabemos que los objetos interestelares existen. **En algún lugar, aunque con una frecuencia muy baja, habrá habido algún objeto interestelar que se haya estrellado contra un planeta.** Si transportaba los bloques de la vida (o vida microscópica que, de algún modo, fuese capaz de sobrevivir al viaje, durante millones de años, en su interior), podría llevar los ingredientes necesarios a un lugar en el que la vida pudiese florecer.

Dicho de otro modo, **nos permite imaginar un mecanismo que, en una escala de tiempo lo suficientemente grande, permitiría que la vida se expandiese, de forma natural, por toda una galaxia.** Además, lo podemos llevar un paso más allá. Porque las estrellas también pueden ser expulsadas de su propia galaxia. En la Vía Láctea se han observado multitud de ejemplos con las llamadas **estrellas hiperveloces.** Se trata de estrellas que **se mueven tan rápido que la gravedad de la galaxia es incapaz de retenerlas.** Viajarán durante millones o miles de millones de años a través del espacio interestelar. **Con el tiempo, quizá terminen llegando a otras galaxias.**

Imaginemos, por un momento, que una de esas estrellas expulsadas, que viajaría con todo su sistema estelar, y mantendría sus condiciones intactas, estuviese habitada. Nos encontramos ante una hipótesis conocida como **panspermia intergaláctica**. Una teoría que **nos permite plantear que la vida podría expandirse, de forma limitada, a otros lugares del universo.**

Ambas posibilidades, la abiogénesis y la panspermia, son fácilmente imaginables a lo largo de la historia del universo. Bien pudieron estar en marcha, hace miles de millones de años, en otras galaxias y en distintos lugares de la Vía Láctea. Sin embargo, el Sistema Solar no parece ser un lugar especialmente concurrido. Nuestro planeta es el único habitado. Al menos por vida compleja.

Por si no tuviéramos suficiente con eso, **la observación de otros lugares de la galaxia no nos ha permitido detectar la presencia de civilización alguna.** Es decir, en algún punto algo falla. Estamos formados por los elementos más abundantes del universo. La Vía Láctea ha debido tener multitud de estrellas, a lo largo de sus miles de millones de años de existencia, capaces de ofrecer condiciones habitables a los planetas que tuviesen a su alrededor. Pero **no vemos señales de que nuestra galaxia rebose vida. Al menos no en forma de civilizaciones.**

La vida microbiana o compleja, pero no inteligente, podría ser muy abundante. Nuestra incapacidad para detectarla se debería, simplemente, al hecho de que nuestra tecnología es todavía muy rudimentaria para emprender una campaña así. Pero nos obliga a dejar una pregunta en el aire que resulta de lo más incómoda, porque parece ir contra todo lo que nos dice el sentido común: ¿Y si el Sistema Solar fuese un lugar único?

Por descorazonador que pueda parecer, **no es descartable que la vida en la Tierra sea una casualidad.** Una gigantesca cadena de casualidades que permitió que aquí sucediese algo extremadamente raro. No en vano, hay investigadores que plantean que el ARN, el precursor del ADN, pudo aparecer en la Tierra de manera completamente espontánea a través de procesos químicos. La posibilidad de que suceda un evento así es tan sumamente baja que solo se daría una vez en el universo. Es decir, ¿puede que no encontremos nada simplemente porque somos los ganadores de una suerte de lotería extremadamente compleja? Con miles de millones de estrellas en la galaxia, y billones de galaxias en el universo observable, nos resulta tentador negar que puede ser así. Pero, **por mucho que nos pueda molestar, es una posibilidad que no se puede descartar.**

Ser incapaces de determinar qué provocó que la vida apareciese es un problema. Si lo supiéramos, nos bastaría con buscar los lugares en los que haya las condiciones necesarias. Pero no sabemos exactamente qué fue esa chispa que hizo que súbitamente la vida comenzase a desenvolverse en nuestro planeta. Así que, **como no es posible buscar directamente lo que hizo que estemos vivos, necesitamos recurrir a la segunda mejor opción:** buscar aquellos lugares que más se puedan asemejar al mundo en el cual nos encontramos, y esperar encontrar algo que nos dé esperanzas…

CAPÍTULO II
ORDENANDO EL ROMPECABEZAS

El razonamiento es aparentemente sencillo. **Si encontramos planetas en otros lugares de la Vía Láctea que estén a la distancia adecuada de su estrella, y tengan las mismas características que la Tierra, estaríamos ante un mundo con posibilidad de albergar vida.** El inconveniente, sin embargo, como sucede en muchas ocasiones, es que entre la teoría y la realidad hay una serie de pasos que no siempre se cumplen.

Por extraño que pueda parecer, **nuestra tecnología todavía está en sus primeras etapas en lo que concierne a la búsqueda de vida extraterrestre.** El catálogo de exoplanetas conocidos no deja de crecer, pero todavía queda mucho por avanzar. En el momento en el que escribo estas palabras, **se conocen más de 4000 exoplanetas.**

Hay muchos otros que esperan ser confirmados. Algunos resultarán ser reales, planetas descubiertos alrededor de otras estrellas. Otros serán falsos positivos. Señales que indican que allí debería haber algo, pero que, tras un análisis más exhaustivo, resultaron ser falsas. **Poco a poco, la lista de descubrimientos seguirá creciendo.** El inconveniente es que la búsqueda de exoplanetas se ve limitada por varios factores, en función de qué método se utilice para detectar exoplanetas. **El más prolífico, sin duda, es el método de tránsito.**

Este método **consiste en analizar la luz de una estrella y detectar caídas en su brillo,** desde nuestra perspectiva. Esas caídas pueden ser el producto del paso de un objeto por delante de la estrella. Si es una caída que se produce con la misma frecuencia, y en función del porcentaje de luz bloqueada, es probable que estemos observando un planeta alrededor de ese astro. Es la técnica empleada por telescopios como Kepler, que descubrió miles de exoplanetas, y TESS (las siglas de Transiting Exoplanet Survey Satellite), que está considerado su sucesor y que ha identificado miles de posibles exoplanetas en otros lugares de la galaxia.

En el método de tránsito nos encontramos diferentes inconvenientes. Por ejemplo, puede que el planeta nunca pase por delante de la estrella desde nuestra perspectiva. En cuyo caso jamás veremos su *tránsito*. Se llama así porque, desde nuestro punto de vista, el objeto pasa por delante de aquello que estemos observando. Como muestra, un botón: un tránsito de Venus (o Mercurio) es, simplemente, el paso del planeta por delante del Sol visto desde la Tierra en un momento concreto.

Además, tenemos que incluir la distancia. Es decir, **un tránsito va a provocar una caída de brillo,** sin duda. Pero ha de ser lo suficientemente pronunciada como para que se pueda detectar, por lo que tendrá que suceder en una estrella lo bastante cercana o, en su defecto, por un planeta lo suficientemente grande. Por ejemplo, un planeta como Júpiter, pasando por delante de una estrella como el Sol, provocará que su brillo caiga en torno a un 1 %. No es una gran caída, pero es posible detectarla (de hecho, se han observado multitud de exoplanetas con tamaños similares, e incluso superiores, a los del gigante joviano).

Un planeta como la Tierra, sin embargo, **bloquearía en torno al 0,01 %.** Es decir, necesitaríamos un telescopio muy sensible, y en el espacio, para poder captar una caída de brillo tan minúscula. Con la llegada de mejor tecnología, sin duda, será cada vez más sencillo detectar ese tipo de tránsitos.

Otro método muy interesante es el de la velocidad radial, aunque también es bastante delicado. Solemos aprender, desde pequeños, que un sistema estelar está formado por una estrella estacionaria y, a su alrededor, planetas, asteroides, cometas… En realidad, no es correcto. Por un lado, todas las estrellas se mueven alrededor del centro de la galaxia. **El Sol viaja, aproximadamente, a 828 000 kilómetros por hora y todo el Sistema Solar con él** (sí, además del movimiento de la Tierra alrededor de nuestra estrella, y su movimiento de rotación, ¡mientras lees estas palabras estás viajando a 828 000 kilómetros por hora alrededor del centro de la Vía Láctea!). Por otro lado, **desde la perspectiva del propio sistema estelar, veremos que la estrella también se mueve en torno al *baricentro*,** el centro de gravedad común entre varios objetos celestes. El punto en torno al que orbitan.

Tomemos el Sol como ejemplo. Imaginemos que, por un momento, solo tenemos en el Sistema Solar a nuestra estrella y la Tierra. El baricentro de ambos se encontraría tremendamente cerca de la estrella. Pero no estaría en el centro (aunque apenas estaría alejado unos pocos cientos de kilómetros). Ambos objetos orbitarían en torno a ese punto. Es decir, el Sol describiría un pequeñísimo movimiento circular, a medida que orbita en torno a ese punto común entre ambos. Aproximadamente, en el caso de nuestro planeta, provoca un desplazamiento de en torno a 0,1 m/s a lo largo de un año.

Cambiemos ahora nuestro sistema. El Sol siendo orbitado únicamente por Júpiter, a la distancia a la que se encuentra. Aquí nos encontramos con la única excepción en el baricentro de todos los objetos del Sistema Solar. Resulta que, **a pesar de que el Sol es muchísimo más masivo que Júpiter, por su distancia (y la masa del planeta) su baricentro está fuera de la propia estrella.** Está a 742 000 kilómetros del centro del Sol. Nuestro astro tiene un radio de 696 000 kilómetros. Es decir, el baricentro del sistema Sol-Júpiter es un punto en el espacio, a 46 000 kilómetros de la superficie del Sol. Es el único caso en el que el baricentro se encuentra fuera de la estrella.

Dicho de otra manera, el Sol y Júpiter orbitan en torno a un punto en el espacio que se encuentra a 46 000 kilómetros de la estrella. Así, la órbita que describe Júpiter es muchísimo más grande que la que describe el Sol. Por ello, a lo largo de unos 12 años, la velocidad del Sol varía en unos 12,4 m/s. A modo de curiosidad, hay que destacar que, a la hora de calcular el baricentro del Sistema Solar, y cómo se va moviendo con el paso de los años, en función de dónde esté cada objeto alrededor del Sol, solo debemos tener en cuenta el baricentro del Sol y los cuatro planetas gigantes.

Pero ¿qué significa todo esto? Como los objetos que tengan una estrella a su alrededor van a provocar un pequeño desplazamiento en torno al baricentro, al analizar su movimiento respecto de otros, podemos detectar si tiene algún planeta en su entorno. No importa que no podamos ver un tránsito. **Desde nuestra perspectiva, veremos que la luz de la estrella se estira ligeramente cuando se aleja de nosotros. Cuando se acerca, se encoge ligeramente.** Si sucede de forma periódica, esto indica que es un objeto alrededor de esa estrella. A través del método de velocidad radial, es posible determinar la masa mínima del planeta que esté provocando ese comportamiento. Hasta la llegada del telescopio Kepler, este fue uno de los métodos más prolíficos.

Hay otras técnicas, como la imagen directa, que permiten descubrir exoplanetas sin género de duda. En este caso, simplemente, al observar una estrella, se puede ver un punto de luz a su alrededor. Es una técnica poco frecuente porque es necesario que los planetas estén lo suficientemente lejos de su estrella para poder detectarlos. Además, deben ser lo bastante grandes como para que su brillo sea detectable.

También tenemos la lente gravitacional, que utiliza un objeto intermedio (una estrella, generalmente) para observar la luz de una estrella todavía más lejana. La gravedad del objeto intermedio actúa como si fuese una lupa, amplificando la luz de la estrella más lejana. Si esa estrella intermedia tiene un planeta, su gravedad también tendrá un efecto de magnificación que delatará su presencia.

Estas son solo algunas de las técnicas que se utilizan habitualmente. Todas tienen sus fortalezas y sus debilidades, por lo que nos encontraremos con una amplia variedad de planetas. Algunos estarán muy cerca de sus estrellas. Otros, sin embargo, estarán demasiado lejos. **Aquí es donde necesitamos introducir un concepto del que ya hemos hablado anteriormente: la zona habitable.** Lo que nos interesa, si queremos encontrar vida en otros lugares de la galaxia, es **observar aquellos planetas que estén a la distancia adecuada de su estrella como para tener agua en su superficie.**

En nuestro caso, más o menos, se plantea tradicionalmente que **la zona habitable comienza en el entorno de la órbita de Venus.** En algunas estimaciones, se coloca a Venus en el borde interior de la zona habitable (aunque estar en la zona habitable no es garantía de que el planeta tenga las condiciones adecuadas, porque Venus es un mundo infernal) **y se extiende hasta la órbita de Marte.** De nuevo, en algunos casos, se coloca a Marte justo en el borde exterior de esa zona habitable, y en otros se coloca fuera. **Es una región que existe en torno a todas las estrellas.**

Tiene sentido. Si cuanto más nos alejamos de una estrella, menos energía recibimos, debe haber una franja en la que la cantidad de energía sea la adecuada para permitir que haya agua líquida en la superficie de un mundo. Así que, en el caso de estrellas como el Sol, podemos suponer que, aproximadamente, la zona habitable estará a la misma distancia que en el Sistema Solar. Pero **hay otros tipos de estrellas, más brillantes y masivas que el Sol, y más tenues y menos masivas.**

Para organizarlas, se recurre al sistema Morgan-Keenan, que clasifica casi todas las estrellas con diferentes letras: O, B, A, F, G, K, M. Esas letras, a su vez, están divididas con números que van del 0 (el más cálido) al 9 (el más frío). Además, en números romanos, se añade la luminosidad de la estrella, con valores que van desde el 0 hasta el VII, para permitir separar las estrellas en función de la etapa de su vida en que se encuentren.

Las estrellas pasan gran parte de su vida en lo que conocemos como secuencia principal. En esa etapa, transforman en helio el hidrógeno que acumularon durante su formación. Es la fase en la que se encuentra el Sol desde hace 4500 millones de años, y seguirá en ella durante otros 4500 millones de años. Las estrellas que están en esta misma fase, sin importar su tamaño, se clasifican con el número V. Así, por ejemplo, tenemos que el Sol es una estrella de tipo G2V. Es decir, una estrella de clase G, que está en su secuencia principal (marcado con la V) y que tiene una temperatura de 5778 kelvin (también se representa con una K), unos 5500 °C en su superficie, que equivale en este sistema a un 2.

* En el caso de las estrellas de clase O, nos encontramos con astros con una temperatura de entre 30 000 y 60 000 K. Apenas el 0,00003 % de todas las estrellas de este tipo se encuentran en secuencia principal. Son estrellas que viven solo unos pocos millones de años, y terminan sus vidas en forma de supernova, dejando estrellas de neutrones o agujeros negros tras de sí.

* En la clase B nos encontramos con estrellas con temperaturas de entre 10 000 y 30 000 K, que suelen tener entre 2 y 16 veces la masa del Sol. Alrededor del 0,125 % de todas las estrellas, en su secuencia principal, son de este tipo.

* En la clase A, descendemos a temperaturas de 7500 a 10 000 K, y estrellas con entre 1,4 y 2,1 veces la masa del Sol. Alrededor del 0,625 % de las estrellas en secuencia principal entran en esta clase. Con cada escalón que bajamos, nos encontramos con estrellas más longevas, pero todavía lejos de los 10 000 millones de años, aproximadamente, que vivirá el Sol de principio a fin.

* En la clase F nos encontramos con estrellas que tienen temperaturas de entre 6000 y 7500 K y masas de entre 1 y 1,4 veces la del Sol. El 3,03 % de las estrellas de secuencia principal son de este tipo.

* En la clase G tenemos a las estrellas similares al Sol. Se las denomina popularmente enanas amarillas y tienen entre 0,8 y 1,2 veces la masa de nuestra estrella, oscilando su temperatura desde los 5000 a los 6000 K. El 7,5 % de las estrellas de secuencia principal son de este tipo.

* Después, está la clase K, con temperaturas de 3500 a 5000 K, generalmente llamadas enanas naranjas, que son estrellas con entre 0,6 y 0,9 veces la masa del Sol. El 12 % de las estrellas de secuencia principal son de este grupo. Aquí nos encontramos con astros más longevos que el Sol, porque viven entre 15 000 y 30 000 millones de años.

* Finalmente, en la clase M, están las enanas rojas, las estrellas más frías del cosmos, con temperaturas que oscilan entre los 2000 y 3500 K.

Las estrellas en secuencia principal más abundantes del cosmos son las enanas rojas. Alrededor del 75 % de las estrellas que están en esta fase son de ese tipo, y se encuentran en todas partes. De hecho, **Alfa Centauri es el sistema estelar**

más cercano al Sol. Está a 4,3 años-luz de distancia (un año-luz es la distancia que recorre la luz en 365 días, casi 10 billones de kilómetros). **En ese sistema se encuentra Próxima Centauri, la estrella más cercana, a 4,24 años-luz, y es una enana roja.**

A medida que descendemos por las clases, nos encontramos con zonas habitables cada vez más cercanas a la estrella, y estrellas cada vez más longevas. Podría pensarse, por tanto, que las enanas rojas deberían ser objetivos ideales. Pero hay que tener en cuenta diferentes aspectos que nos indican que la respuesta no es tan sencilla como podría parecer. **Las enanas rojas tienen su zona habitable tremendamente cerca, mucho más de lo que Mercurio está del Sol.**

A esa distancia, los planetas que se encuentren en la zona habitable estarán en rotación síncrona. Es decir, **tardarán tanto en girar sobre sí mismos como en dar una vuelta alrededor del astro.** Es el mismo fenómeno que podemos observar entre la Luna y la Tierra. Nuestro satélite siempre nos ofrece su mismo hemisferio, porque está en rotación síncrona. En el caso de una estrella y su planeta, esto dificulta las cosas. **Un hemisferio está permanentemente iluminado, y el otro está permanentemente a oscuras.** Entre ambos hay una zona en crepúsculo constante. Como un amanecer o un atardecer que nunca avanza.

Con el paso de los años, se han publicado diferentes modelos sobre cómo se comportaría la atmósfera de uno de estos mundos. Las masas de aire de ambos hemisferios podrían chocar con tremenda violencia en la región de crepúsculo. Esto provocaría que las condiciones fuesen muy duras allá donde la temperatura es la ideal para que hubiese agua en forma líquida.

En otros casos, se ha planteado que quizá funcionen como enormes sistemas de aire acondicionado. La masa de aire del hemisferio iluminado, muy caliente, podría viajar hacia el hemisferio nocturno. La masa de aire frío del hemisferio nocturno se desplazaría al iluminado, equilibrando la temperatura en todo el planeta y permitiendo que toda su superficie fuese habitable. Incluso así debemos tener en cuenta que una enana roja no es una estrella como el Sol.

Por un lado, porque la mayor parte del brillo de una enana roja se encuentra en el espectro infrarrojo. **Desde la superficie de uno de esos planetas que podamos imaginar en torno a una enana roja, en el mediodía el aspecto del firmamento sería algo parecido al de un atardecer en la Tierra.**

Por otro, porque, **a pesar de su pequeño tamaño, las enanas rojas pueden ser estrellas extremadamente violentas.** Tienen la capacidad de emitir llamaradas estelares mucho más potentes que las del Sol. De por sí, esto ya es un problema serio. Si le sumamos, además, que los planetas están bastante más cerca que en el Sistema Solar, nos encontramos con que un mundo alrededor de una enana roja como Próxima Centauri debería tener un campo magnético extraordinario, o una atmósfera tremendamente densa, para sobrevivir a los envites de su estrella y no perderla. **Sin atmósfera, la vida tal y como la conocemos en la Tierra sería imposible.**

Las buenas noticias son que, en los últimos años, **se ha observado que no todas las enanas rojas son igual de violentas.** Así, Próxima Centauri y TRAPPIST-1 son estrellas tremendamente activas, capaces de emitir grandes llamaradas. Mientras que otras, como Ross 128, resultan ser más tranquilas, con una actividad similar al Sol. Al menos **en algunos casos parece que podríamos encontrarnos con enanas rojas que podrían ofrecer las condiciones necesarias para que haya planetas habitables a su alrededor.**

La rotación síncrona también podría tener una solución relativamente práctica. Aunque pueda escapar a lo que imaginamos habitualmente, no necesitamos que nuestro mundo habitable esté alrededor de su estrella. Puede ser, en realidad, un satélite de un planeta mucho más grande. **A los planetas más allá del Sistema Solar se les denomina exoplanetas. Por eso, sus satélites se llaman exolunas.** De momento no se ha confirmado el descubrimiento de ninguna, pero no hay motivo para pensar que no puedan existir más allá del Sistema Solar.

Hasta hace poco se pensaba que las enanas rojas no podrían tener a su alrededor planetas gigantes como Júpiter. Pero, a finales de 2019, un grupo de investigadores publicó un estudio en el que detallaban el hallazgo de un mundo así en torno a una enana roja llamada GJ 3512. Como parece que sí es posible, **podemos imaginar que en algún lugar de la galaxia podría haber un planeta, como Júpiter, en la zona habitable de la enana roja,** en rotación síncrona con la estrella. A su alrededor, podría tener, igual que Júpiter, multitud de satélites. **Uno de ellos podría ser de un tamaño y masa similar a la Tierra.** Con las condiciones necesarias para ser habitable. Al encontrarse en órbita en torno al planeta, no estaría en rotación síncrona con la estrella. En síntesis, sus condiciones serían mucho más apacibles para que la vida pudiese llegar a desarrollarse.

El estudio de la zona habitable de las enanas rojas es el más interesante por la enorme cantidad de estrellas, en secuencia principal, que pertenecen a este tipo. A fin de cuentas, estamos hablando del 75 % de todas las estrellas que están fusionando el hidrógeno acumulado durante su formación. **Si concluimos que no pueden tener planetas habitables a su alrededor, estamos eliminando una cantidad enorme de estrellas de la ecuación.** Por el contrario, **si concluimos que pueden tener mundos habitables, entonces nos encontramos ante un escenario en el que la vida podría tener muchas posibilidades para desarrollarse.**

Los resultados, sin embargo, están siendo dispares. Podríamos decir que hay estudios casi para todos los gustos. Algunos dan motivos para la esperanza, y otros prácticamente nos invitan a abandonar cualquier ilusión de que las enanas rojas puedan ser lugares donde encontrar vida.

En los últimos tiempos parece que las enanas naranjas, las estrellas menos masivas que el Sol, pero más masivas que las enanas rojas, **están empezando a ganar popularidad**. Su zona habitable está más lejos que la de una enana roja. Además, son estrellas más tranquilas desde el punto de vista de su actividad. **Con vidas de entre 15 000 y 45 000 millones de años,** aproximadamente, **deberían ofrecer multitud de tiempo para que la vida pudiera aparecer y evolucionar.** A fin de cuentas, hay que recordar que la vida compleja tardó miles de millones de años en aparecer en la Tierra.

Sea como fuere, el concepto de zona habitable, en este caso, es simple. Se trata de la distancia en la que un planeta podría tener agua líquida en su superficie. Además, **no permanece fija con el paso del tiempo. Se desplaza a medida que la estrella va envejeciendo.** Esto se aplica a todas las estrellas de secuencia principal. En algún punto, más cerca o más lejos (en función de lo masiva que sea), estará la distancia adecuada para que pueda haber agua líquida. **Las estrellas más masivas son poco interesantes porque viven muy poco tiempo.** Sus vidas son tan breves que, seguramente, la vida ni siquiera llegaría a tener la oportunidad de aparecer.

Pero aún tenemos más consideraciones por evaluar. Por un lado, **¿qué pasa con las estrellas que no están en su secuencia principal? Es decir, ¿qué hay de las estrellas moribundas? También tienen una zona habitable,** que se va desplazando a medida que la estrella va cambiando. Vamos a poner un ejemplo. En el Sistema Solar, donde dentro de unos 5000 millones de años (cuando el Sol esté ya en su fase de gigante roja), la zona habitable se desplazará muy lejos de donde se encuentra en la actualidad. Durante apenas unos pocos millones de años, **lugares tan distantes como Plutón podrían llegar a ser habitables.** En ese escenario, **incluso los satélites de Júpiter y Saturno, mundos gélidos (pero muy interesantes) en la actualidad, estarán demasiado cerca de la estrella como para ofrecer condiciones apropiadas.**

Por otro lado, ¿qué pasa con los cadáveres estelares? **Cuando una estrella muere, deja tras de sí el núcleo del viejo astro. En el caso de las estrellas menos masivas (incluyendo al Sol), tenemos una enana blanca,** que se irá enfriando lentamente, en una escala de tiempo gigantesca. **En el caso de estrellas algo más masivas, tenemos una estrella de neutrones.** Finalmente, **en las estrellas más masivas nos encontramos con un agujero negro.**

Ha habido diferentes estudios sobre cada tipo de objeto. Respecto a los agujeros negros, se ha planteado que **quizá algunos agujeros negros supermasivos que sean lo suficientemente masivos (valga la redundancia) podrían tener una zona habitable.** Pero estaría extremadamente cerca del horizonte de sucesos, la región a partir de la que ni la luz puede escapar de la atracción gravitacional de un agujero negro. Es decir, **es muy poco probable que, en el centro de las galaxias grandes como la Vía Láctea o Andrómeda, un planeta pueda haber terminado en la órbita adecuada.** Es mucho más probable que, simplemente, terminase fuera de ella o, peor aún, destruido por el propio agujero negro. Los agujeros negros supermasivos tienen millones de veces la masa del Sol, y el entorno de los agujeros negros de masa estelar, que tienen decenas de veces la masa de nuestra estrella, no parece encajar. Por lo que ese cadáver estelar queda descartado.

En lo que respecta a las estrellas de neutrones, se ha planteado que quizá puedan ofrecer condiciones habitables, aunque no sería un lugar idílico. Además, en el caso de los planetas más cercanos, que hubieran sido habitables antes de la muerte de la estrella, probablemente serían arrasados. Es decir, serían algunos de los planetas más alejados, que no hubiesen sido habitables inicialmente, los que posteriormente estarían en esa zona habitable. ¿Podría la vida aparecer en esas circunstancias? Es algo que por ahora no se ha podido determinar.

El mismo panorama sucede en el caso de las enanas blancas. Los planetas que sobreviviesen a la muerte de las estrellas antecesoras serían aquellos lo suficientemente lejanos como para no ser engullidos durante la fase de expansión. **En el caso del Sistema Solar, por ejemplo, Mercurio y Venus serán destruidos por la expansión del Sol cuando se convierta en gigante roja. La Tierra podría ser destruida, junto con la Luna, o sobrevivir por muy poco (aunque terminaría extremadamente cerca del Sol).**

Una vez convertido en enana blanca, los planetas que se encuentren en su zona habitable serán aquellos que eran más lejanos. Es decir, lugares que en teoría no eran habitables, pero que quizá pudiesen desarrollar condiciones para ser habitables. De hecho, un estudio llevado a cabo por el investigador Eric Agol **planteó que una enana blanca podría mantener una zona habitable, a apenas 1,5 millones de kilómetros de la estrella, durante unos 3000 millones de años.** Tiempo suficiente para que la vida pudiese surgir en su superficie.

El inconveniente es que, al igual que sucede con las enanas rojas, un planeta a esa distancia estaría en rotación síncrona. Por lo que un hemisferio se encontraría permanentemente iluminado y el otro en constante oscuridad. Y, por si no fuera suficiente, **debemos tener en cuenta que el concepto de zona habitable es flexible.** Hay factores externos que pueden hacer que un mundo que, en principio, no debería ser habitable sí pueda serlo. Eso ha llevado a que en los últimos tiempos hayan aparecido definiciones como la de zona habitable volcánica. Es decir, es necesario considerar la actividad volcánica que pueda tener un planeta para que, más allá de la zona habitable tradicional (en la que solo se tiene en cuenta la energía de la estrella), se puedan dar las condiciones apropiadas para que haya vida.

No solo eso, también **cabe la posibilidad de que la vida, simplemente, no necesite una zona habitable para surgir.** Es algo que da que pensar y que podría ser una realidad aquí mismo, en el Sistema Solar, como han demostrado los casos de Europa y Encélado. Los satélites de Júpiter y Saturno nos llevan a abrir un abanico de posibilidades que resulta de lo más intrigante...

CAPÍTULO III
¿ESTAMOS SOLOS EN EL SISTEMA SOLAR?

Cuando pensamos en la búsqueda de vida extraterrestre, la primera pregunta que nos suele venir a la cabeza es **¿podría haber vida basada en otros elementos?** El silicio, por ejemplo, resulta particularmente interesante y ha sido objeto de debate durante mucho tiempo. Es un elemento con muchas propiedades químicas parecidas a las del carbono. De hecho, en la tabla periódica forma parte de su mismo grupo y **es capaz también de crear moléculas lo suficientemente grandes como para poder transportar información biológica.** Sin embargo, **el silicio tiene sus inconvenientes,** al no ser capaz de realizar tantas combinaciones como el carbono. A esto le podemos sumar el hecho de que **el carbono es un elemento mucho más abundante en el universo.**

Pero la respuesta más importante, en realidad, es que mientras podemos imaginar y suponer que la vida quizá podría tener una base en el silicio, sabemos que la vida basada en el carbono es muy real, no solo una teoría. Dicho de otro modo, **¿por qué se busca vida basada en carbono? Porque es la que conocemos en la Tierra.** Es una receta para la vida que sabemos que funciona. Pero ¿podría haber otras?

Hay motivos para creer que sí, e **incluso se ha planteado que otros elementos, más allá del silicio, podrían ser aptos para convertirse en la base de la vida en otras condiciones.** En el Sistema Solar, se ha sugerido a menudo que **Titán, el satélite de Saturno, podría tener vida que sería diferente a la que encontramos en la Tierra.** Sin embargo, en este aspecto en particular **parece lógico comenzar por aquello que ya se sabe que funciona.** No en vano, hay que recordar que todavía no está claro cómo apareció la vida en la Tierra.

Sabemos cuál es la base de la vida, pero no su origen, y eso hace que se pueda abrir la puerta a posibilidades que son más atractivas que la de vida basada en otros elementos (que no sabemos si realmente podrían existir). ¿Y si la zona habitable no fuese la única región apropiada para encontrar vida en torno a una estrella? A fin de cuentas, **solemos pensar en la vida compleja e inteligente cuando consideramos la vida extraterrestre, pero hay muchas otras formas de vida,** como hemos visto en nuestro planeta. **La vida microbiana, mucho más sencilla, podría ser más frecuente en entornos completamente hostiles para un ser humano.** Es el caso de Europa y Encélado. Ambos son, respectivamente, satélites de Júpiter y Saturno, y ninguno está remotamente cerca de la zona habitable del Sol.

Sin embargo, están en lo más alto de la lista de lugares en los que podríamos encontrar vida en el Sistema Solar. ¿Cómo es posible? En esencia, sabemos que la vida tiene ciertos requisitos. **A grandes rasgos, es necesario, como mínimo, disponer de una fuente de energía, agua y compuestos orgánicos.** Al encontrarse fuera de la zona habitable, podemos descartar que reciban suficiente luz del Sol. Algo que es evidente si revisamos cualquiera de las imágenes que las sondas que han visitado Júpiter y Saturno han obtenido de ambos satélites. Son mundos congelados, sin atmósfera, pero con la particularidad de orbitar en torno a dos planetas muchísimo más masivos. **Eso da lugar a una interacción, conocida como calentamiento de marea, que puede liberar mucha energía.**

De hecho, si nos quedamos en el entorno de Júpiter, veremos un pequeño mundo con tonos amarillentos. Un auténtico infierno. Se trata de **Ío, el satélite más cercano de los satélites galileanos** (llamados así porque los descubrió Galileo Galilei). **Es el mundo volcánicamente más activo del Sistema Solar,** y todo es culpa del calentamiento de marea ejercido por Júpiter. La diferencia de masa entre Júpiter e Ío es enorme, y su proximidad hace que la gravedad del planeta deforme al satélite. El proceso libera tanta energía que hace que su superficie sea un lugar extremadamente hostil.

A no mucha distancia de Ío, en términos astronómicos, nos encontramos con **Europa.** Es el más pequeño de los satélites galileanos, y un mundo que fue popularizado por Arthur C. Clarke en su fantástica *Odisea espacial*. La superficie del satélite está recubierta de una capa de hielo, que refleja la luz del Sol hasta el punto de convertirlo en uno de los satélites más brillantes del Sistema Solar. Es el sexto satélite de Júpiter, por distancia, a una media de 671 000 kilómetros. Tarda unos tres días en completar una vuelta alrededor del gigante joviano y tiene un diámetro de 3100 kilómetros, ligeramente inferior al de la Luna. En su superficie, la temperatura nunca supera -160 °C, y en sus polos se desploma hasta -220 °C.

No parece el sitio más idílico para la vida, pero **hay señales que lo convierten en un lugar intrigante.** Su superficie es joven, tiene entre 20 y 180 millones de años, y los datos de la sonda Galileo, que estudió Júpiter y su sistema en profundidad entre 1995 y 2003, indican que está compuesta por rocas de silicato. Tiene un núcleo de hierro y un manto rocoso. En muchos sentidos, recuerda a nuestro propio planeta. Pero hay una gran diferencia. **El interior rocoso está rodeado por un océano de entre 80 y 170 kilómetros de profundidad.**

Su existencia se deriva de observaciones como la de las fluctuaciones del campo magnético de Europa, que se deberían a que algo está actuando como conductor. Ese algo sería un océano que, por si no fuese suficiente, podría ser habitable. Pero ¿cómo es posible? No está lo suficientemente cerca del Sol como para que su superficie se halle en estado líquido. Su interior, sin embargo, parece que contendría un gran océano.

La respuesta para entender por qué es posible se encuentra en el calentamiento de marea. **En el caso de Europa, el mismo proceso que afecta a Ío libera energía en su interior.** Ese calentamiento de marea provoca, naturalmente, que la temperatura se eleve hasta el punto de que el agua exista en estado líquido. **En el lecho de ese océano podría haber fuentes hidrotermales, un lugar ideal para que la vida microbiana pueda encontrar condiciones favorables.**

El océano podría tener el material orgánico necesario para que la vida pudiese emerger. Los impactos de cometas, a lo largo de la historia del Sistema Solar (y especialmente en las primeras etapas, cuando fueron muy frecuentes), se lo habrían entregado paulatinamente. Así que tendríamos todo lo necesario: energía (tanto por el calentamiento de marea como por reacciones químicas), agua y material orgánico. A esto hay que sumarle que, **en los últimos años, se ha planteado que Europa podría tener placas tectónicas.** Si fuese así, se asemejaría a la Tierra, el único lugar en el que están presentes. Además, se cree que podrían ser imprescindibles para la evolución de la vida. Concretamente, en 2016, se explicó que en Europa podría haber subducción.

Este proceso probablemente resulte familiar: consiste en el deslizamiento de una placa tectónica por debajo de otra. En el caso de Europa, ese deslizamiento la llevaría hacia el océano que oculta bajo su superficie. Sería un mecanismo que permitiría aportar nutrientes al océano. Incluiría algunos de los compuestos más comunes en la superficie del satélite, y podrían ser perfectos para convertirse en la fuente de energía que desate la vida.

En el caso de Encélado, la historia es muy similar. Su superficie, al igual que la de Europa, está congelada. Su interior podría ocultar un océano gracias al calentamiento de marea provocado por Saturno, del que se encuentra a una distancia media de 238 000 kilómetros. Es un mundo mucho más diminuto que Europa, con un diámetro de apenas 500 kilómetros.

En este pequeño satélite se han observado columnas de material, en su polo sur, que recuerdan a los géiseres. Además, se han detectado señales de procesos hidrotermales (como los que tienen lugar en el lecho del océano en la Tierra, y que también podrían suceder en Europa), que serían una fuente de energía fantástica para el desarrollo de posibles microorganismos en su interior. Tendríamos energía, agua en estado líquido y moléculas orgánicas, como en Europa.

Es decir, **la receta básica para la aparición de vida parece estar presente en ambos lugares.** Por lo que Europa y Encélado tendrían las características necesarias para que la vida diera sus primeros pasos. **Sus océanos podrían estar habitados por microorganismos.** No es ni mucho menos una certeza. **Es perfectamente posible que esos océanos sean completamente inhóspitos.** Pero nos lleva a pensar, en última instancia, en algo que es realmente intrigante: **la vida podría estar presente en condiciones y lugares muy diferentes de los que conocemos.**

No en vano, se ha planteado que, **en el pasado del Sistema Solar, es posible que Venus y Marte fuesen planetas habitables.** Aquí sí que se trataría de un escenario como el de la Tierra. **Ambos pudieron tener condiciones similares a las de nuestro mundo.** Puede que, en sus superficies, durante un tiempo, la vida estuviese presente. Hay quien incluso ha jugado con la posibilidad de que la vida de la Tierra tuviese su origen, en realidad, en uno de ellos. En ese caso, un mecanismo como la panspermia habría permitido que la vida se desplazase desde su hogar original a otros mundos habitables del Sistema Solar. Es imposible saber si esa hipótesis tiene validez alguna. Al menos por ahora, ya que **no se ha detectado señal alguna de que Marte tuviese vida en el pasado.** En el caso de Venus, sus condiciones infernales lo convierten en un mundo que dificulta enormemente su exploración, por lo que tampoco sabemos si realmente llegó a estar habitado en algún momento.

Sin embargo, si añadimos todas las piezas de este pequeño rompecabezas que hemos construido, nos encontramos con una reflexión que es, como mínimo, intrigante. **En la zona habitable, en la actualidad, parece que solo hay un planeta: la Tierra.** Marte y Venus quizá lo estén, o quizá no. El hecho de que no tengan vida hace que haya valoraciones para todos los gustos. Para que tuviesen vida en el pasado, sin duda, tuvieron que ser parte de la zona habitable. Se podría argumentar, y de hecho se hace, que Venus podría haber quedado fuera de la zona habitable con el paso del tiempo. A fin de cuentas, aproximadamente cada 1000 millones de años el Sol aumenta su brillo en un 10 %. Eso provoca que la zona habitable, poco a poco, se vaya alejando de nuestra estrella.

Es muy posible que Venus, originalmente, estuviese en la zona habitable, aunque muy cerca del borde. El paso de los miles de millones de años y el envejecimiento del Sol terminaron desplazando la zona habitable y, por tanto, alejándose de Venus. En el caso de Marte, simplemente siempre habría estado en la zona habitable.

Por otro lado, sumamos a Europa y Encélado. Ambos mundos están muy lejos del Sol y nos presentan un escenario completamente diferente para el nacimiento de la vida. Uno en el que la distancia respecto del Sol no importa. Al menos no a esta escala, porque cuando el Sol entre en sus últimas etapas de vida, incluso Júpiter y Saturno estarán demasiado cerca de él como para que sus satélites se encuentren en la zona habitable.

El resultado que obtenemos es que **quizá la zona habitable no es tan importante como podría parecer. Por un lado, porque es dinámica.** En una escala de tiempo de miles de millones de años, puede que un planeta que no era habitable, porque estaba fuera de la zona, pase a serlo (¿quizá el caso de Marte?).

Por otro lado, un mundo que sí lo era lo dejó de ser en algún momento (¿el caso de Venus?). **La Tierra, de hecho, también dejará de ser habitable en algún momento futuro.** En unos 1100 o 1500 millones de años, los océanos de nuestro planeta se evaporarán por culpa del aumento de brillo del Sol. Algunas estimaciones retrasan ese fenómeno hasta dentro de 3500 millones de años. Pero no hay duda, tarde o temprano la Tierra dejará de ser habitable.

Es decir, también **es importante tener en cuenta en qué momento de un sistema planetario en particular nos encontramos.** No solo basta con pensar en la propia zona habitable. También es necesario pensar en las condiciones de los planetas. **Europa y Encélado, en ese sentido, nos ofrecen un panorama intrigante.** Sus condiciones se pueden mantener estables durante mucho tiempo. No parecen lugares donde podríamos esperar encontrar vida compleja. O, por lo menos, no tan compleja como un ser humano. Pero **podrían ser lugares en los que la vida pudiese aparecer en un entorno muy diferente al nuestro,** y esto permite ampliar el abanico de lugares posibles donde encontrar vida.

El mayor inconveniente es que, para bien o para mal, **hay que recordar que todavía no está claro cómo se originó la vida en nuestro planeta.** No es una cuestión menor, porque **no basta con intuir simplemente cuál puede ser la receta general.** Se sabe que nuestro planeta ha estado habitado durante la mayor parte de su historia. La principal hipótesis es que la vida surgió tan pronto como fue posible. Generalmente, **se plantea que apareció hace unos 3700 millones de años, pero hay estudios que apuntan que quizá surgiese hace unos 4200 millones de años** (como planteaba un grupo de investigadores en 2017). A decir verdad, en esta escala, 500 millones de años arriba o abajo no nos afectan especialmente. Tan pronto como fue posible, la vida surgió en nuestro planeta. Quizá fuese tan solo 100 millones de años después de su formación (si nos fiamos de esos 4200 millones de años) o quizá unos cientos de millones de años más tarde.

Las preguntas realmente importantes que debemos hacernos en este caso son otras. ¿Cómo surgió la vida? ¿Cuál fue el detonante que provocó su aparición? Y no podemos detenernos ahí, la batería de preguntas complejas es imparable: ¿Qué provocó que apareciesen las primeras moléculas complejas? ¿Y la aparición del ARN? ¿De dónde procedió ese material? ¿Estaba presente en la Tierra? ¿O fue entregado por cometas y asteroides tras su formación? Son solo algunas de las muchas interrogantes que nos plantea este asunto, y que son extrapolables a cualquier otro mundo que pudiese estar habitado. **Imaginemos, por un momento, que Europa o Encélado albergaran vida. Nos haríamos esas mismas preguntas al respecto.**

Lo cierto es que hay varios escenarios que se han planteado como posibles orígenes. En el inicio de este libro hemos hablado de Alexander Oparin y su planteamiento. En cierto modo, **podemos imaginarlo como si Oparin hubiese acudido a la teoría de la evolución de Darwin y, en vez de detenerse en la aparición del primer organismo vivo, hubiese continuado tirando de la cuerda.** También podemos destacar que, a su juicio, el metano, amoniaco, hidrógeno y vapor de agua eran imprescindibles para la formación de la vida.

Al principio, únicamente había compuestos sencillos de materia orgánica. Su comportamiento sería dictado por las propiedades de sus átomos y de cómo se combinaban para dar lugar a la formación de moléculas. Con el paso del tiempo, esos compuestos orgánicos se estructurarían en sistemas microscópicos de los que podrían haber surgido los primeros seres vivos.

Por si no fuese suficiente, añadía además que, siguiendo en la línea de la evolución, pudo haber diferentes tipos de sistemas microscópicos y que solo uno o quizá varios fueron los más aptos para permitir que apareciesen los primeros seres vivos. A partir de ahí, la evolución se encargaría del resto, hasta llegar al entorno que conocemos en la actualidad. **Es una posibilidad intrigante, porque nos lleva a imaginar que la vida podría no tener muchos impedimentos para aparecer.** A fin de cuentas, si nos dejamos llevar por la hipótesis tal y como se plantea, bastaría con que tuviésemos otros planetas, en su juventud, con las mismas condiciones que tuvo la Tierra en su infancia. En una galaxia con 200 000 millones de estrellas, seguro que hay un buen puñado de planetas con condiciones similares.

Haldane, de quien también hemos hablado en el capítulo I, nos plantea en esencia la misma idea: la vida surgió en la Tierra a partir de la materia inerte. De algún modo, se pasó de materia inerte a seres tan complejos (tras miles de millones de años de evolución) como los seres humanos.

Aquí, sin duda, llegamos al experimento que mencionamos anteriormente y que fue realizado por Stanley Miller y Harold Urey. Ambos investigadores **buscaron simular las condiciones de la Tierra en su juventud, para intentar demostrar que el origen de la vida era químico.** A fin de cuentas, **si su impresión era correcta, bastaría con replicar las condiciones de nuestro planeta en su infancia, reunir los ingredientes adecuados y esperar hasta que apareciese la vida.**

En el experimento se usó agua, metano, amoniaco e hidrógeno. Los elementos fueron sellados en el interior de un frasco pequeño, lleno de agua hasta la mitad, conectado a un frasco más grande. El agua del frasco pequeño era calentada hasta provocar su evaporación, permitiendo que viajase hasta el frasco grande. Allí, dos electrodos creaban chispas de forma constante, que harían las veces de los rayos de la atmósfera, en el vapor de agua y la mezcla de los diferentes gases. Posteriormente, esa atmósfera simulada era enfriada para que el agua se condensase y se depositase en la base del aparato.

Al día siguiente, encontraron que el líquido en la base del aparato se había vuelto rosado. Una semana después, retiraron el frasco hirviendo y añadieron a la solución cloruro de mercurio, para evitar la contaminación por microbios. Finalmente, detuvieron el experimento añadiendo hidróxido de bario y ácido sulfúrico. En el posterior análisis, hallaron la presencia de 5 aminoácidos. En 1996, Stanley Miller explicaba que, a lo largo de su vida, con ese y otros experimentos, había logrado obtener 11 aminoácidos. **El experimento demostraba, por tanto, que era posible crear aminoácidos a partir de la exposición de moléculas inorgánicas a la electricidad.** El experimento, a su vez, motivó las investigaciones de otros científicos en esa línea.

En 2008, tras el fallecimiento de Miller (Urey falleció en 1981), se volvieron a analizar los viales del experimento original. Con tecnología mucho más moderna que la disponible inicialmente, se detectó la presencia de más de 20 aminoácidos. Una cantidad muy superior a los 5 aminoácidos que se creía haber observado inicialmente, y una cifra superior a la cantidad de aminoácidos que se encuentran en la vida. Por si no fuese suficiente, **en los estudios más recientes se ha sugerido que la atmósfera de nuestro planeta pudo ser ligeramente diferente a la que simularon Miller y Urey en su experimento.** Sin embargo, hoy en día no se puede saber con certeza si este mecanismo pudo provocar la aparición de la vida.

Lejos de estas posibilidades nos encontramos la panspermia. Ya hemos visto que, a través de diferentes mecanismos, nos permite imaginar cómo la vida podría expandirse desde un planeta hasta llegar a poblar toda una galaxia. Podríamos incluso extenderlo a todo un grupo de galaxias. Es decir, **la panspermia nos permite plantear que la vida podría extenderse a todas aquellas galaxias que estén ligadas gravitacionalmente entre sí.** En el caso de la Vía Láctea, se trataría de todo el Grupo Local (la Vía Láctea, Andrómeda, la galaxia del Triángulo y la legión de galaxias satélite que las acompañan). Lógicamente, una estrella no podrá alcanzar una galaxia que se aleja más rápido que su movimiento. Pero no deja de ser un mecanismo curioso para imaginar cómo la vida podría ser muy abundante en el universo, incluso si solo apareciese una vez en algún rincón.

Esto nos lleva a una última gran duda: **¿Cuántas veces ha aparecido la vida en la Tierra?** Es una pregunta que encierra algo más que una simple reflexión filosófica. **¿Puede aparecer únicamente en los inicios de la historia de un planeta?** ¿O puede volver a aparecer en un momento muy posterior? Incluso si solo puede aparecer en un momento en particular, como en su infancia, ¿solo puede aparecer un organismo? O, por el contrario, ¿aparecieron varios organismos y, simplemente, sobrevivió el mejor adaptado y de ese desciende toda la vida que encontramos en nuestro planeta? **Conse-**

guir responder a todas estas preguntas sobre el origen de la vida en nuestro planeta, así como sobre la posible presencia de vida en otros rincones del Sistema Solar, **permitiría refinar mucho mejor la búsqueda de vida en otros lugares de la Vía Láctea y entender hasta qué punto podría ser realmente abundante.**

De momento, para bien o para mal, lo único que podemos hacer es limitarnos a una búsqueda a ciegas...

CAPÍTULO IV

BIOFIRMAS: EN BUSCA DE LA VIDA QUE NO SE PUEDE VER...

Aunque para seguir con la búsqueda a ciegas tenemos pistas de por dónde comenzar. **La Tierra es el único planeta habitado que conocemos, sí, pero también es una receta para la vida.** Es decir, aunque no se sepa exactamente cuál fue la chispa que dio lugar a la aparición de los seres vivos, sí se puede entender qué elementos son necesarios. De manera que, **si encontramos un exoplaneta con una composición atmosférica, por ejemplo, similar a la de nuestro mundo, parece perfectamente lógico suponer que debe tener condiciones necesarias para la vida.** Podemos entonces ir un paso más allá y fijarnos en el origen de esos elementos. En algunos casos, nos encontramos con compuestos cuyo origen puede ser tanto biológico como no biológico.

El más popular, sin duda alguna, es el metano. En la Tierra, la inmensa mayoría del gas presente en la atmósfera procede de procesos biológicos. Es célebre el caso del ganado rumiante, en cuyas tripas se encuentra un tipo de microbio llamado metanógeno, que lo produce como efecto de la digestión. Se calcula que, **aproximadamente, todo el ganado mundial produce alrededor del 35 % del metano que se libera anualmente en nuestra atmósfera.** Es, sin duda, un gran contribuyente. Lo más interesante es que **el metano atmosférico tiene un tiempo de vida medio de entre 12 y 15 años.** Una vez en la atmósfera, la interacción del metano con el radical hidroxilo (compuesto por hidrógeno y oxígeno) da lugar a la formación de vapor de agua y dióxido de carbono. **Dicho de otro modo, sin una fuente que renueve constantemente ese metano, llegará un momento en el que su presencia en la atmósfera se desvanecerá por completo.**

Por ello, probablemente no sea difícil imaginar la sorpresa que causó descubrir su presencia en lugares como Marte o Titán. **La inmensa mayoría del metano de la Tierra es de origen biológico.** Su vida en la atmósfera es muy reducida, de tal modo que, en el peor de los casos, parece lógico suponer que tiene que haber una fuente que lo reponga constantemente. Teniendo en cuenta que, en nuestro planeta, la vida es la principal responsable del metano, es perfectamente razonable suponer que en Marte debe ser también la vida la que provoque su presencia.

La lógica parece implacable, se mire desde el ángulo que se mire. Pero el panorama cambia cuando tenemos en cuenta varios factores. Por un lado, **la abundancia de metano en la atmósfera de Marte es muy inferior a la de la Tierra.** Por otro lado, **hay procesos no biológicos que pueden producir la li-**

beración de metano en la atmósfera. Los volcanes, por ejemplo, aportan alrededor del 0,2 % del metano presente en la atmósfera de nuestro planeta. Es posible que su origen, además, esté en organismos que vivieron hace mucho tiempo, por lo que técnicamente seguiría siendo de origen biológico.

Si nos desplazamos más allá de Marte, veremos que **los gigantes gaseosos** (Júpiter, Saturno, Urano y Neptuno) **tienen grandes cantidades de metano.** También es el caso de Titán, el satélite más grande de Saturno y, sin duda, uno de los lugares más interesantes a la hora de pensar en la posibilidad de vida en otros lugares del Sistema Solar.

Brevemente, podemos destacar que, **en el caso de los gigantes gaseosos, el metano procede de las reacciones químicas del material de la nebulosa solar.** Es decir, el material que dio lugar al nacimiento de este pequeño rincón de la Vía Láctea. No parece que en estos planetas haya condiciones apropiadas para la vida, si bien **Carl Sagan planteó que, si la vida pudiese aparecer, quizá podríamos imaginarla en forma de criaturas voladoras.** Su presencia allí, aunque interesante por ser una oportunidad para entender mejor las particularidades de los planetas más grandes del Sistema Solar, no es especialmente llamativa en el campo de la búsqueda de vida.

El caso de Titán es muy diferente. El metano en su atmósfera se descubrió en 1944. En 1980 se observó que, además, tiene nitrógeno. Este elemento es un componente clave de moléculas biológicas, en el caso de los aminoácidos y los ácidos nucleicos. Con el paso del tiempo, se ha planteado que un objeto celeste con una atmósfera de nitrógeno y metano, y una presión que en superficie sea un 50 % superior a la de la Tierra, podría tener las condiciones apropiadas para la formación de los bloques básicos de la vida. Puede que, incluso, hubiese organismos vivos.

El panorama parece muy atractivo: **Marte y Titán tienen metano en sus atmósferas.** En el caso del planeta rojo no es particularmente abundante, siendo muy inferior a la cantidad de metano presente en la Tierra. Pero, **por poco que sea, es necesario explicar su origen.** En el caso de Titán, es un compuesto muy abundante. Así que hace falta entender de dónde procede. **Si se determinase que solo puede ser de origen biológico, significaría que allá donde haya metano hay vida.** Si puede ser también de origen no biológico, no podemos realizar esa afirmación tan categórica. Pero nos abre la puerta a poder realizar suposiciones muy interesantes.

A este tipo de compuestos (veremos que el metano no es el único), **cuyo origen puede estar asociado a la presencia de vida, se les denomina biofirmas** (o también *firmas* o *señales biológicas*). Su presencia no es necesariamente indicativa de vida en el objeto celeste observado, pero nos invita a contemplar esa posibilidad. **Las biofirmas son imprescindibles en la búsqueda de vida extraterrestre,** porque permiten entender si un planeta pudiera tener vida microbiana, por ejemplo, aunque no podamos viajar hasta allí para comprobarlo de forma directa. Por ello, **el estudio de estos compuestos es muy interesante.** A fin de cuentas, **al hablar de vida más allá de la Tierra no nos referimos únicamente a civilizaciones extraterrestres.**

En la Tierra, la vida compleja tardó miles de millones de años en aparecer (no surgió hasta hace unos 700 millones de años). Es decir, **durante la mayor parte de su existencia nuestro planeta solo ha estado habitado por organismos unicelulares.** Por tanto, no resulta sorprendente considerar que, **si observamos un mundo que podría tener condiciones habitables, es posible que solo contenga vida simple.** De ahí que sea esencial determinar qué compuestos podrían indicar, sin ninguna duda, que estamos ante un planeta habitado. Es poco probable que baste con un único compuesto para disipar dudas, pero **la presencia de varios podría ser un indicativo demasiado importante como para que lo ignoremos.**

Por ello, **entender qué sucede con el metano en mundos como Marte o Titán resulta crucial.** No solo para determinar si podrían tener vida, sino también para entender qué mecanismos pueden llevar a su producción. Esto nos puede dar una imagen mucho más clara de si lo que vemos en la Tierra podría ser representativo de otros planetas.

La cantidad de metano presente en la atmósfera de Marte es 40 millones de veces inferior a la de la Tierra. Por poco que sea, sin embargo, algo tiene que estar reponiéndolo. No ahondaremos en la posibilidad de que pudiese ser vida extraterrestre. ¿El motivo? **De momento no se ha encontrado evidencia alguna que permita asegurar que el planeta rojo tuvo vida en el pasado o que la tiene en el presente.** Sí podemos afirmar que quizá sea el producto de la vida que apareció hace miles de millones de años, y que podría haber sobrevivido hasta nuestros días. Tal vez en forma de microbios que viven bajo la superficie del planeta rojo.

A favor de Marte hay que decir que allí, con una cantidad de radiación ultravioleta (responsable de la ruptura del metano) procedente del Sol inferior a la de la Tierra, el metano puede perdurar cientos de años. **Es un período lo suficientemente grande como para permitir que se mezcle con el resto de los gases de la atmósfera marciana de forma muy uniforme. Lo más desconcertante es que no sucede así.** Se han observado cantidades variables de metano en diferentes regiones del planeta. Además, también se ha visto que, a lo largo del año marciano, se producen variaciones estacionales. Esto podría indicar que hay regiones desde las que se libera ese metano; o, al contrario, que hay regiones donde ese metano es atrapado en la superficie.

Al pensar en mecanismos no biológicos, los volcanes quedan descartados rápidamente. Hace cientos de millones de años que Marte no tiene un volcán activo (por cierto, hay que recordar que el Monte Olimpo, de unos 24 o 25 kilómetros de altura, es el volcán más alto del Sistema Solar). Además, junto con la pequeña cantidad de metano que liberan, expulsan una buena cantidad de compuestos de azufre. Y en la atmósfera marciana no hay rastro alguno de esos compuestos.

Los impactos de asteroides también pueden aportar algo de metano, pero la cantidad es demasiado pequeña como para poder justificar la abundancia de este gas en Marte. Los cometas sí podrían resultar un vehículo más razonable, pero se calcula que, de media, el planeta rojo recibe un impacto cada 60 millones de años. Por tanto, podemos realizar varias consideraciones: el impacto tendría que haberse producido en la historia reciente de Marte (en los últimos miles de años, en función de su tamaño). En ese tiempo, se tendría que haber repartido de forma uniforme por la atmósfera. Por lo que no debería haber diferencias notables de una región a otra.

Esto nos lleva a reducir la lista a **dos posibilidades: una que involucra los microorganismos y otra que considera los procesos hidrogeoquímicos.** Dicho de otro modo, **o se debe a la presencia de organismos o hay agua en Marte que está participando en la producción de metano.**

En los océanos de la Tierra abundan las fuentes hidrotermales. Son grietas de las que emerge agua que ha sido calentada de forma geotérmica. Es decir, por el calor procedente del interior de la Tierra. Por lo general se encuentran cerca de placas tectónicas, regiones con actividad volcánica y en el lecho oceánico. Normalmente, **estas fuentes son ricas en ro-**

cas con hierro o magnesio (como el olivino o el piroxeno) que pueden reaccionar y producir hidrógeno. Es un proceso al que se denomina serpentinización. A su vez, ese hidrógeno puede reaccionar con minerales ricos en carbono para producir metano.

En esencia, **para formar metano de manera geológica, es necesario disponer de hidrógeno, carbono, metales, calor y presión. Todo ello está disponible en Marte.** La serpentinización puede tener lugar tanto a altas temperaturas (de 350 a 400 °C) como a temperaturas más templadas (de 30 a 90 °C). Bajo la superficie de Marte, se ha planteado desde hace mucho tiempo que podría haber agua. En 2018 se anunció el posible descubrimiento de un lago de agua, en estado líquido, de 20 kilómetros de ancho y a un kilómetro y medio bajo el hielo del polo sur del planeta.

En determinados lugares, en esa agua oculta bajo la superficie podrían darse las condiciones apropiadas para que se produzca la serpentinización a baja temperatura. Así podríamos explicar la cantidad de metano observado. Aun así, no podemos descartar que realmente sea de origen biológico. **El róver Curiosity ha observado que la cantidad de metano en el cráter Gale,** donde se encuentra estudiando el planeta, **varía a lo largo del año.** Es más abundante en el verano y mucho más escaso durante el invierno. Además, incluso a lo largo del día se producen pequeñas variaciones. Son motivos más que poderosos para pensar que quizá haya un componente biológico.

Sin embargo, **la única manera de obtener una respuesta firme, en este sentido, será mediante una mayor exploración y estudio de Marte.** En este caso, la posibilidad de encontrar esas huellas de forma directa sí es plausible. El planeta rojo es un lugar que es objeto de estudio desde hace décadas. En la década de 2030 se quiere llevar a cabo, por fin, una misión tripulada. Es cuestión de tiempo que llegue el momento de poder estudiar directamente, *in situ*, la superficie y el interior del planeta.

Sea como fuere, tras su formación, **ese metano podría quedar atrapado en hidratos de gas y ser liberado de forma gradual.** Podría escapar del hielo, en el que quedase atrapado, de forma periódica, cuando la temperatura fuese lo suficientemente alta como para evaporar hielo (por mencionar un ejemplo). En este sentido, la sonda Mars Express, de la Agencia Espacial Europea, encontró indicios de una mayor concentración de metano en lugares en los que el hielo bajo la superficie debería ser más abundante. Si esos indicios son correctos, la relación parecería muy clara.

Es innegable que la presencia de metano y otros compuestos en distintos lugares del Sistema Solar y del resto de la galaxia es, como mínimo, atractiva. Por ello, uno de los objetivos de la investigación es el estudio de atmósferas de los exoplanetas rocosos que se descubren con el paso del tiempo. **Estudiar la atmósfera de esos mundos rocosos alrededor de otras estrellas es muy interesante.** Al margen de la relación que puedan tener con la vida. Imaginemos, por ejemplo, poder estudiar la atmósfera de un planeta del que se determine que, con toda probabilidad, pueda ser muy similar a Venus. ¿Su atmósfera sería parecida a la de ese planeta? ¿O encontraremos otros elementos? En el caso de planetas rocosos que estén en zonas habitables, las preguntas vienen a ser similares, aunque relacionadas con la atmósfera de nuestro planeta.

¿Encontraremos atmósferas que tengan una proporción de elementos similar a la de la Tierra? En caso de que sea así, ¿querrá decir que podríamos estar observando un mundo habitado? Si no hay vida inteligente, determinarlo no será fácil. **La presencia de compuestos como el metano, por ejemplo, harán que estemos ante posibilidades intrigantes.** Es cuestión de tiempo que suceda, porque nuestra tecnología está avanzando al punto de poder llevar a cabo ese análisis.

Pero ¿cómo funciona? ¿Cómo podemos analizar qué elementos hay en la atmósfera de un mundo que está a decenas de años-luz de nosotros? No tenemos la tecnología necesaria para viajar hasta allí. De hecho, **nunca hemos enviado una nave más allá del Sistema Solar.** La única manera de hacerlo es a través de procedimientos que podamos emplear desde la Tierra, recurriendo a un sistema que ya hemos mencionado para la búsqueda de exoplanetas. Se trata del método de tránsito, que consiste en observar la luz de una estrella en busca de caídas en su brillo. Esa caída estará provocada por el paso de un objeto entre nosotros y la estrella que estemos observando. Si esas caídas son regulares, es posible que se deban a la presencia de un planeta alrededor del astro. Este método es muy popular desde hace unos años. De hecho, gracias a los telescopios Kepler y TESS, es la técnica más prolífica para descubrir otros mundos en la Vía Láctea.

La luz de una estrella puede contarnos muchas cosas. Por ejemplo, su composición. **Cada elemento tiene un patrón muy concreto en la luz. Así que basta estudiarlo y reconocer el patrón de cada elemento para deducir cuál es la composición de una estrella.** Esta técnica se denomina espectrometría y nos permite, por ejemplo, analizar la composición de nuestro propio Sol.

El funcionamiento es el siguiente. Imaginemos que tenemos un papel en el que hemos recogido el patrón de luz visible. En el extremo izquierdo, correspondiendo con la longitud más corta de onda, nos encontramos con tonalidades violetas y azules. A medida que nos vamos desplazando hacia la derecha, las tonalidades van cambiando hasta llegar al rojo (que es el color con la longitud de onda más larga). Esa sucesión es continua, sin ninguna interrupción. O, por lo menos, lo es en un mundo ideal y teórico como el que estamos describiendo.

En la práctica, sin embargo, nos encontramos con algo diferente. **En ese espectro continuo de colores hay huecos, interrupciones, si queremos llamarlo así.** Se trata de las líneas de absorción y son el producto de la interacción entre átomos y fotones. Dicho de otro modo, parte de la luz es absorbida por los átomos. **Los átomos de cada elemento tienen diferentes líneas de absorción.** Así que, al analizar la luz de una estrella, y sabiendo qué líneas de absorción se corresponden con cada elemento, **es posible determinar la composición del astro.**

En ese viaje hacia nosotros, durante un tránsito, la luz de la estrella también pasa por la atmósfera del planeta (si es que la tiene). De modo que la luz también interactúa con los átomos de esa atmósfera y registra esa información. Es decir, **en la luz que nos llega de una estrella, al atravesar la atmósfera de un planeta que esté en su camino, estará registrada no solo la información de la composición del astro, sino también la de esa atmósfera.**

El inconveniente es que la cantidad de luz de la estrella que pasa por la atmósfera de un planeta rocoso es demasiado pequeña. Así que hace falta disponer de telescopios muy avanzados para poder analizar esa pequeña parte del espectro de luz del astro. Por ahora, se ha logrado estudiar la atmósfera de gigantes gaseosos más allá del Sistema Solar. Los planetas rocosos siguen siendo un enigma que muchos investigadores están deseando estudiar, pero es necesario tener paciencia. **Son necesarios telescopios como James Webb para tener la oportunidad de estudiar esas atmósferas,** porque de momento no existe esa capacidad con la tecnología que está a nuestra disposición. Es algo que cambiará en los próximos años, con la entrada en funcionamiento de los telescopios de nueva generación, tanto en la órbita de nuestro planeta como en la superficie. Pero todavía tardarán, en algunos casos unos años, en estar operativos.

No es descabellado pensar que, **tarde o temprano, daremos con algún exoplaneta rocoso que tendrá una composición atmosférica similar a la de la Tierra.** Cuando suceda, el hallazgo hará que dejemos volar la imaginación. Habrá infinidad de preguntas sobre si podríamos estar ante un mundo que albergue vida. Quizá simplemente vida microbiana. Quizá vida inteligente, pero no tan desarrollada como para poder enviar señales al espacio. Puede que no sea en los próximos años, ni en las próximas décadas, pero parece lógico suponer que sucederá.

Aunque... ¿y si hubiese otra forma de encontrar vida en otros lugares? Cada año se presentan conceptos que resultan atractivos porque desde la Tierra, y con la tecnología de la que disponemos, podrían ofrecernos la oportunidad de detectar vida en otros lugares. Son métodos alternativos al estudio de las atmósferas. Podrían servir como complemento, disipando las dudas que pudiese haber en torno a aquellos exoplanetas prometedores. O, por el contrario, podrían ser métodos en sí mismos capaces de permitirnos encontrar vida más allá del Sistema Solar.

En este sentido, hay algunas ideas que resultan particularmente intrigantes. **Una es la llamada Tierra púrpura,** que nos lleva a pensar en la historia de nuestro propio planeta. **En la búsqueda de vida, generalmente, se intenta encontrar condiciones similares a las de la Tierra en el presente.** Pero sabemos que nuestro planeta no se ha mantenido inalterable desde sus inicios. **En su infancia tuvo una atmósfera dominada por el dióxido de carbono, el amoniaco y el vapor de agua.** La luz del Sol rompía las moléculas de amoniaco, liberando nitrógeno en la atmósfera. Eso permitió que, con el paso del tiempo, se llegase a acumular la cantidad de nitrógeno que podemos observar en el presente.

El oxígeno llegó gracias a las cianobacterias. Estos organismos, hace entre 2700 y 2200 millones de años, utilizaron la energía del Sol para llevar a cabo la fotosíntesis, liberando oxígeno en el proceso y atrapando dióxido de carbono en las moléculas orgánicas. Poco a poco, transformaron radicalmente la atmósfera de la Tierra. En tiempos mucho más recientes, geológicamente hablando, la proporción de elementos como el oxígeno ha variado. Hace unos 80 millones de años, por ejemplo, se calcula que era en torno al 30 % de la composición de la atmósfera. En la actualidad, es un 21 %, junto con un 78 % de nitrógeno, un 0,93 % de argón, un 0,04 % de dióxido de carbono y pequeñas cantidades de neón, helio, metano, criptón e hidrógeno.

Así que, **a lo largo del tiempo, nuestra atmósfera se ha ido transformando,** y los seres vivos han tenido mucho que decir en ese proceso. **Las cianobacterias realizaron la fotosíntesis a través de la clorofila.** Un grupo de investigadores publicó un estudio en 2018 llamado *Early evolution of purple retinal pigments on Earth and implications for exoplanet biosignatures* (*La evolución temprana de pigmento púrpura retinal en la Tierra y sus implicaciones para las biofirmas en exoplanetas*), que plantea que, **antes de la aparición de la fotosíntesis por medio de la clorofila, pudo haber un tipo de fotosíntesis anterior.**

Los investigadores Shiladitya DasSarma y Edward Schwieterman **plantean que pudieron existir organismos anteriores que realizasen otro tipo de fotosíntesis antes de la llegada de los que usaban la clorofila.** Su fotosíntesis tendría lugar por medio de retinal (un pigmento púrpura). **Es un tipo de fotosíntesis que todavía existe en la actualidad, realizada por algunos microbios,** y es frecuente en entornos con grandes concentraciones de sal. **Aunque es un proceso menos eficiente que el de la clorofila, resulta también más sencillo.** Por tanto, su razonamiento es simple: **es posible que esta fotosíntesis surgiese antes de que lo hiciese la de la clorofila.**

Hay indicios de que, en nuestro planeta, **los compuestos necesarios para poder realizar este tipo de fotosíntesis ya existían hace entre 3700 y 2500 millones de años.** La absorción del retinal se produce en la parte del amarillo y el verde, en el espectro visible (la parte del espectro electromagnético que podemos observar). La de la clorofila, por su parte, tiene lugar en las regiones azul y roja.

¿Hacia dónde nos lleva todo esto? Es posible que, antes de la llegada de los organismos capaces de realizar fotosíntesis por medio de la clorofila, hubiera organismos capaces de realizarla con retinal. Los primeros absorben el rojo y el azul, y reflejan el verde. Los segundos absorben el verde y el amarillo, y reflejan el púrpura.

Dos colores para un mismo propósito: la fotosíntesis. **En las últimas décadas, se ha observado que es posible identificar la vegetación verde desde el espacio. Al observar en espectro infrarrojo, desde el espacio, es posible identificar grandes concentraciones de plantas. Es algo que se denomina *borde rojo*.** Este método se puede trasladar al estudio de otros exoplanetas. Si contienen organismos capaces de realizar la fotosíntesis de clorofila, y están repartidos en una parte importante de la superficie del planeta, podríamos detectar su presencia. Ese mundo, además, tendría un característico color verde, como el nuestro.

Así que los investigadores plantean en su estudio que, además del borde rojo, sería interesante buscar exoplanetas cuyo color principal sea el púrpura. A fin de cuentas, **las plantas verdes no aparecieron en nuestro planeta hasta hace 470 millones de años. La vegetación verde podría estar presente, únicamente, en mundos que ya estén en una fase avanzada de evolución.**

Una idea similar es la que plantearon otros dos investigadores, Lisa Kaltenegger y Jack T. O'Malley-James en un estudio titulado *Biofluorescent Worlds II. Biological fluorescence induced by stellar UV flares, a new temporal biosignature* (*Mundos biofluorescentes II. Fluorescencia biológica inducida por las llamadas UV estelares, una nueva biofirma temporal*). En él, **centran su atención en un escenario muy concreto: la vida en torno a enanas rojas muy activas.**

Son estrellas muchísimo más longevas (pueden permanecer en su fase de secuencia principal, transformando en helio el hidrógeno que acumularon en su formación, durante billones de años). Parecen un objetivo muy apetecible para intentar encontrar vida en otros lugares de la Vía Láctea. Pero hemos visto anteriormente que hay multitud de factores que tener en cuenta. La rotación síncrona, por ejemplo, es un inconveniente difícil de ignorar. Su actividad es otro aspecto muy importante.

Pero, en este caso, todas esas consideraciones quedan a un lado. **Lo que se preguntan los investigadores es ¿y si la vida pudiese llegar a desarrollarse en un entorno que parece completamente hostil?** Supondremos, por un momento, que estamos ante un planeta habitable, en torno a una enana roja tremendamente violenta. No entraremos a considerar cómo podría haber llegado hasta esa situación. Simplemente, supondremos que lo hay…

El fenómeno de la biofluorescencia es, probablemente, uno de los más llamativos que podemos encontrar. Es el resultado de moléculas fluorescentes que se ven excitadas por la luz de alta energía. Esa excitación provoca que absorban parte de la energía y la liberen en una longitud de onda más larga. **Esa luz biofluorescente solo se puede observar cuando el organismo se ilumina.** La ventaja de emitir la luz en una longitud de onda más larga es que es menos dañina. Es decir, **la biofluorescencia fotoprotectora podría proteger a los organismos vivos que pudiesen desarrollarse en planetas en torno a este tipo de estrellas.**

En ese estudio, publicado en 2017, los investigadores exponen que, de forma ocasional, **es posible que la señal de la biofluorescencia, que es diferente al resto de formas de fluorescencia, pueda ser captada en planetas que se encuentren en entornos como este.** Cuando los organismos que la utilizasen se iluminasen, serían capaces de emitir una señal lo suficientemente intensa como para ser captada por nuestros telescopios.

Es un concepto interesante en muchos sentidos. **Parte de un fenómeno cotidiano, que conocemos en la Tierra, y le añade algunos aspectos para pintar un cuadro que resulta llamativo.** Los organismos que utilizasen este tipo de biofluorescencia podrían iluminarse, quizá después de una gran llamarada de su estrella, hasta el punto de hacer que su presencia sea detectable.

La estrella más cercana al Sistema Solar, Próxima Centauri (parte del sistema triple Alfa Centauri), a 4,24 años-luz, es, precisamente, una enana roja tremendamente activa.

A su alrededor, en la zona habitable, se encuentra Próxima b. Hay motivos para creer que, seguramente, ya no conserva su atmósfera, si es que la llegó a tener alguna vez. Pero **si no fuese así y tuviese un entorno apropiado para el desarrollo de la vida, querría decir que podríamos detectar su presencia desde nuestro planeta.**

Son solo algunos escenarios que nos permiten imaginar cómo podríamos detectar vida en otros lugares. Habría dudas, sin embargo, de si realmente estamos observando un planeta habitado o, por el contrario, estamos confundiendo un fenómeno, o la presencia de ciertos compuestos, con un proceso no biológico que todavía no conocíamos...

Por eso, hay otra alternativa que resulta mucho más atractiva, pero también bastante más difícil de encontrar: las tecnofirmas.

CAPÍTULO V
TECNOFIRMAS: LA VIDA QUE SÍ SE PODRÍA VER...

¿Cómo podríamos saber, sin género de dudas, que hay vida inteligente en algún lugar? Las biofirmas son interesantes porque, como mínimo, nos permiten intuir que la vida podría estar presente en alguno de los exoplanetas que se observen. Sin embargo, incluso aunque resultasen concluyentes, no nos permitirían afirmar la existencia de una civilización. Para ello, **necesitaríamos encontrar alguna señal que, inconfundiblemente, podamos atribuir a un origen tecnológico.** Esto nos lleva a hacer diferentes consideraciones poco intuitivas a simple vista.

En primer lugar, ¿qué entendemos por civilización? Si nos ceñimos a la definición más básica, podemos encontrarnos con muchas dificultades para identificarla desde la distancia. A fin de cuentas, **una civilización es una sociedad compleja caracterizada por la presencia de desarrollo urbano, organización social, un gobierno y sistemas de comunicación.**

El antiguo Egipto o la antigua Babilonia son ejemplos perfectamente válidos de civilización. Sin embargo, sabemos que esperar a detectar una señal tecnológica, emitida por alguna de estas sociedades, sería poco menos que esperar un milagro. Al pensar en la búsqueda de vida extraterrestre inteligente, **la definición clásica de civilización resulta insuficiente.** Aquí es necesario subir el listón para que, como mínimo, esa sociedad sea capaz de enviar señales al espacio.

Dicho de otra manera, desde la perspectiva de otras civilizaciones en la Vía Láctea que, como nosotros, pudiesen estar buscando vida en otros lugares de la galaxia, **nuestra civilización no habría alcanzado ese estado hasta que envió la primera señal al espacio.** Antes de eso, en la Tierra, desde esa perspectiva, no habría habido constancia de ninguna civilización. Lo mismo es aplicable a otros lugares de la galaxia. Imaginemos que, a 100 años-luz de la Tierra, hubiese una civilización comparable a la de la antigua Babilonia. No tendríamos forma alguna de saber que se encuentra ahí. Así que la pregunta es inevitable. Para el resto de la galaxia… **¿desde cuándo hay constancia de civilización en la Tierra? La respuesta es 1936.** Más concretamente, desde la celebración de los Juegos Olímpicos de Berlín en 1936.

En aquel entonces, Adolf Hitler pronunció un discurso en el marco de la ceremonia de inauguración. Se retransmitió en 41 países y se emitió con la suficiente intensidad como para atravesar la ionosfera. Esta es una región, en las capas altas de la atmósfera, compuesta por electrones, átomos y moléculas cargados eléctricamente, que actúa como barrera natural para la mayor parte de señales de radio. Pero es posible para una señal de radio, con la potencia necesaria, atravesar la ionosfera y propagarse por el espacio. **Aquel discurso fue la primera vez que se envió una señal al espacio,** si bien fue de manera no intencionada. Podría parecer una carta de presentación poco adecuada, pero no hay mucho de lo que preocuparse gracias a varios factores.

Por un lado, y el más importante, **la intensidad de una señal decae con el cuadrado de la distancia.** Es decir, cuanto más nos alejamos del punto de origen, más rápidamente cae su potencia. **Llega un momento en que se vuelve tan débil que es indistinguible del ruido de fondo del espacio.** La señal podría recorrer algunos cientos o miles de años-luz, pero es improbable que se pueda distinguir. Aun así, dejémonos llevar por la idea, porque eso nos lleva al segundo punto que tener en cuenta.

Por extraño y desconcertante que pueda parecer, los alienígenas no hablan alemán. Ni inglés, ni francés, ni castellano, ni ninguno de los muchos idiomas de nuestro planeta. Además, tampoco dispondrían de una guía con la que traducir lo dicho en el discurso. Así que no hay de qué preocuparse. Incluso si se diese el caso, extremadamente poco probable, de que una civilización pudiese detectar la señal, no serían capaces de descifrar el mensaje.

El tercer punto nos lleva, directamente, a la propagación. Este es un aspecto que se pasa por alto cuando alguien habla de ideas extrañas. Tales como, por ejemplo, que los antiguos egipcios construyeron sus pirámides gracias a la ayuda de una hipotética civilización que nos visitó hace miles de años. Lo cierto es que, en realidad, **los egipcios utilizaron únicamente las herramientas que tenían a su disposición.** Es cierto que sucedió hace miles de años, pero **hay que recordar que nuestros antepasados eran antiguos, no tontos.** De hecho, algunos individuos, en los miles de años de nuestra historia, han resultado ser tremendamente inteligentes y adelantados a su tiempo. Por tanto, no es, ni mucho menos, algo extraño. Pero, aun así, dejémonos llevar por la idea y mezclemos ambos factores…

Sabemos que una señal que se propague por el espacio lo hará a la velocidad de la luz. De tal modo que, en un año, recorrerá un año-luz. El discurso de Hitler tuvo lugar en 1936. Han pasado 85 años desde aquel entonces, por lo que sabemos que, en todas direcciones, esa señal, la primera de carácter tecnológico que enviamos al espacio, ha recorrido 85 años-luz, a fecha de 2021. Tenemos, por tanto, el radio de una esfera de comunicaciones con la Tierra en su centro. Y el diámetro es de 170 años-luz. **El discurso de Hitler fue solo la primera señal. De forma no intencionada se han enviado muchas otras señales.**

Es divertido imaginar que, en algún lugar, a menos de 85 años-luz de la Tierra, podría haber alguna civilización siguiendo con avidez una de las grandes series emitidas hace décadas (aunque sería un logro al no disponer de herramienta para traducir nuestras comunicaciones). Aunque **lo realmente importante es la existencia de esa esfera. Marca, literalmente, la región de la Vía Láctea en la que somos detectables de forma inconfundible.** Es decir, una civilización extraterrestre debería encontrarse a menos de 85 años-luz de nosotros para poder captar una señal tecnológica. A una hipotética respuesta, le tendríamos que sumar el tiempo necesario para enviar la señal de vuelta y el propio proceso de descifrar el mensaje y elaborar otro. Por otro lado, **si nos remontamos a la época de los antiguos egipcios, veremos que el panorama era muy diferente y mucho más complejo.**

En aquella época no había una esfera de comunicación alrededor de nuestro planeta. Y no solo eso. **Para una civilización situada, por ejemplo, a 2000 años-luz del Sistema Solar, nuestro planeta mostraría el aspecto que tenía hace 2000 años** (ya que ese es el tiempo necesario para que la luz viaje de nuestro planeta). Desde esa perspectiva, nos encontramos con un paisaje muy diferente. ¿Cuál es la posibilidad de que una civilización, que tuviese la capacidad de viajar a otras estrellas, se decidiese por la Tierra?

Desde su perspectiva, el nuestro sería un mundo que podría tener algún tipo de vida inteligente. No tendrían la certeza de ello. Junto a la Tierra, observarían muchos otros mundos en circunstancias similares. ¿Cuál es la probabilidad de que decidiesen venir a la Tierra? Es mucho más lógico suponer que preferirían optar por aquellos lugares que mostrasen señales tecnológicas. En ese segundo escenario, no habría duda alguna sobre la vida que poblase el planeta.

Por eso, **la idea de los llamados alienígenas ancestrales no solo resulta poco atractiva, sino poco creíble.** Las distancias en el espacio son muy grandes. La estrella más cercana al Sistema Solar, Próxima Centauri, se encuentra a algo más de 4 años-luz. Si hubiese una civilización allí (en realidad parece que podría ser lo contrario, que Próxima b, un planeta en su zona habitable, sea inhóspito), para comunicarnos con ellos deberíamos enviar un mensaje y esperar algo más de 4 años hasta que lo recibiesen. Después, tendríamos que aguardar otros 4 años (y un poco más) para recibir su respuesta. Esto, además, solo con la estrella más cercana al Sistema Solar. Es decir, **las comunicaciones, en las distancias de la galaxia, son extremadamente lentas a pesar de que la velocidad de la luz sea tan elevada.**

Así que una señal tecnológica es algo muy deseable porque podemos captarla, aunque no se enviase para nosotros. A fin de cuentas, **una tecnofirma no tiene por qué ser un mensaje.** Podría ser una simple secuencia de números primos o una comunicación entre otras civilizaciones. Algo que, al analizarlo, nos permita determinar que no puede tener un origen natural. **Una secuencia de números primos es un ejemplo clásico.** En la novela *Contacto*, de Carl Sagan, el genial astrofísico imaginaba que recibíamos de vuelta el discurso de Hitler. Podríamos intentar encontrar tecnofirmas de civilizaciones más avanzadas que la nuestra.

Otro ejemplo clásico es la esfera de Dyson. Se trata de una gigantesca esfera que encierra en su interior una estrella, con el objetivo de captar toda la energía que produce. Es algo que una civilización mucho más avanzada que la nuestra podría llevar a cabo. Se detectaría al observar la luz de una estrella. Al observarla en el espectro visible (es decir, la parte del espectro electromagnético que nuestros ojos perciben) veríamos que tiene un brillo determinado. Y al analizarla en infrarrojo, su brillo sería mucho mayor.

En septiembre de 2015, **se comenzó a hablar mucho de la estrella de Tabby.** Es un astro que se comporta de manera extraña, porque tiene caídas de brillo irregulares y muy pronunciadas. **Se llegó a sugerir, como explicación exótica, que la estrella podría tener a su alrededor una esfera de Dyson** que estuviese en pleno proceso de construcción. Sin embargo, con el paso del tiempo **se ha llegado a la conclusión de que lo más probable es que simplemente haya una gran nube de polvo a su alrededor.** Cuando está orientada hacia la Tierra, oculta gran parte del brillo producido por el astro. Es decir, **una esfera de Dyson es una tecnofirma, pero podemos encontrarnos con fenómenos naturales que puedan producir un comportamiento parecido.**

También cabe la posibilidad de que nos encontremos ante un fenómeno que parezca una tecnofirma, pero resulte

ser de origen natural. Es el caso de la señal emitida por un púlsar. Es un tipo de estrella de neutrones (el cadáver de una estrella mucho más masiva que el Sol) que emite un haz de radiación en la misma dirección que su eje de rotación. Desde la Tierra, si está alineado correctamente, se comporta como si fuese un faro. Inicialmente, se planteó que podría ser una tecnofirma. Llegó a recibir el nombre en clave LGM-1 (Little Green Men 1, que literalmente significa «pequeños hombrecillos verdes»). No había ningún fenómeno natural que encajase en la repetición, tan rápida y precisa, producto del comportamiento de la estrella.

Con el paso del tiempo, se descubrió que estábamos ante un fenómeno nuevo. **Algunas señales podrían pasar, al menos temporalmente, por posibles tecnofirmas, simplemente porque no las conocemos lo suficiente para entender qué proceso las produce.** A esto le podemos sumar otro tipo de tecnofirma que requiere de tecnología más potente que la que tenemos en la actualidad, y que está muy ligada con nuestra propia civilización. Podemos utilizar telescopios lo suficientemente avanzados, como el futuro James Webb, para analizar la composición de una atmósfera y detectar la presencia de compuestos artificiales, como los clorofluorocarbonos. O, si lo preferimos, dicho de otra manera, **buscar en una atmósfera señales de contaminación. Algo que indicaría la presencia de una civilización que tendría, como mínimo, un nivel de desarrollo más o menos comparable al nuestro.**

Son solo algunas opciones que se pueden plantear. Desde luego, **hay algunas tecnofirmas que resultan mucho más atractivas que otras.** La más sugerente, sin duda, es un mensaje llegado de algún lugar de la galaxia. Nosotros mismos nos hemos embarcado en esa misión. **El 16 de noviembre de 1974 se envió el mensaje de Arecibo.** Se trata de **un mensaje que contiene información, de diferente índole, sobre el ser humano.** Desde los números (del 1 al 10) hasta la composición de nuestro ADN, pasando por la población de la Tierra en aquel momento, e incluso detallando nuestro Sistema Solar y la posición del planeta desde el que se emitió el mensaje.

Se envió hacia el cúmulo de Hércules. Es un cúmulo globular, una gigantesca agrupación de estrellas concentrada en una pequeña región del espacio. **Se encuentra a 25 000 años-luz y la señal tardará unos 25 000 años en llegar a su destino.** Aunque, en realidad, la motivación del mensaje no fue tanto un intento real de comunicación con posibles civilizaciones extraterrestres. En su lugar, lo que se buscaba era demostrar las nuevas capacidades del telescopio de Arecibo, que había sido actualizado poco tiempo antes.

Pero contiene algunos detalles que nos permiten pensar en cómo podría ser un mensaje enviado por otra civilización. Por ejemplo, estaba compuesto por 1679 dígitos binarios. La cifra se escogió por ser semiprima. Es decir, el producto de dos números primos. Es el resultado de la multiplicación de los números 23 y 73, que es, además, la primera pista, porque indica cómo hay que organizar el mensaje. Puede hacerse en forma de 73 filas con 23 columnas, que da como lugar algo incomprensible, o con 23 filas y 73 columnas, que da como resultado el mensaje que ya conocemos. A partir de ahí, es posible ir descifrando el resto del mensaje, ya que está codificado en sistema binario.

El sistema binario solo utiliza dos valores, 1 y 0. Se pueden usar tanto para generar números como para indicar un estado. Por ejemplo, el número 9, en formato binario, es 1001. Un valor de 0 puede indicar que una casilla no está activada, mientras que un 1 indica lo opuesto. Eso permite, por ejemplo, crear una representación gráfica. En ese mensaje en particular se utilizó para representar los nucleótidos, las unidades del ADN y el ARN.

Aun así, el mensaje de Arecibo es más bien complejo. En algunos casos, la información está codificada de izquierda a derecha. En otros, de arriba a abajo. No hay una forma muy clara, sin ayuda alguna, de interpretar el mensaje correctamente. Si una civilización lo recibiese, probablemente le sería complejo descifrar su contenido.

Por ello, **resulta mucho más interesante pensar en el contenido de los discos de oro de las sondas Voyager.** Es un ejemplo de cómo podría ser un mensaje enviado a otro lugar de la galaxia, aunque su propósito fuese diferente. Las sondas Voyager partieron de la Tierra en 1977. Las dos naves incorporan un disco de oro que es idéntico en ambos casos.

Contiene información sobre la Tierra y el ser humano. Hay 116 imágenes de seres humanos, los planetas del Sistema Solar, lugares de nuestro planeta, así como sonidos, tanto naturales (como el sonido del viento o la tormenta) como producidos por animales (cantos de pájaros y sonidos de ballenas), pasando por música de diferentes épocas, saludos en 55 idiomas… Contiene muchísima información. Y no solo eso, sino que también indica la ubicación del Sistema Solar.

El anverso del disco es un disco de vinilo tradicional. En el reverso encontramos toda la información necesaria para descifrar el contenido, codificada con un valor que debería ser reconocible para cualquier civilización avanzada. Se trata del tiempo de transición de un átomo de hidrógeno, lo que tarda en cambiar entre sus dos estados de energía más bajos. Es un concepto que debería ser fácilmente reconocible. Suponiendo que así sea, acceder al resto del contenido del disco tendría que ser sencillo. En algunas partes se indica de forma visual el aspecto de un tocadiscos y, mediante la duración del tiempo de transición de un átomo de hidrógeno, a qué velocidad debe girar el disco para poder reproducir su contenido, con el valor expresado en formato binario.

Así se puede contar que, por ejemplo, el contenido del disco dura una hora (o lo equivalente en el sistema de medición de tiempo que utilicen otras civilizaciones). También se detalla cómo acceder al contenido de vídeo y, por si no fuese suficiente, **los discos de oro incluyen un mapa estelar.** En él, se indica la posición del Sistema Solar en relación con

14 púlsares y el centro de la galaxia. Y en ellos también se indica la duración de sus pulsos. Con solo reconocer tres de esos púlsares, será posible determinar el lugar exacto de procedencia de la nave. **Además, al indicar el ritmo de rotación del púlsar, se puede averiguar en qué momento partió.**

Los púlsares resultan de lo más interesante en este sentido. Como ya hemos comentado, emiten un haz de radiación en la dirección de sus polos. Esto provoca que, si están orientados hacia la Tierra, veamos cómo se iluminan cada cierto tiempo. Exactamente como un faro que se observa desde la costa, avisando a los barcos de la cercanía a la tierra.

Con el paso del tiempo, la velocidad de rotación de los púlsares disminuye. Por ello, es posible comparar la velocidad de rotación de un púlsar, observado en un momento dado, con el valor que se indica en el mapa para determinar cuánto tiempo ha transcurrido.

Al menos en teoría, **el concepto de los discos de oro parece maravillosamente simple.** Se establece un lenguaje lo más sencillo posible: el código binario, una clave de descodificación, si lo queremos llamar así, que es el tiempo de transición de un átomo de hidrógeno, y ya está todo establecido. **El código binario es el sistema más sencillo que podemos imaginar.** Jugamos con 0 y 1. No hay que preocuparse, en ese contexto, de si esa posible civilización pudiera llegar a comprender el sentido de una letra (la que sea).

Aunque hay que recordar que la realidad es que es extremadamente improbable que esos discos de oro lleguen a ser interceptados. Las sondas Voyager todavía están abandonando el Sistema Solar. Tardarán unos 300 años en llegar a la Nube de Oort y unos 30 000 años en atravesarla. Es cierto que, si nos fijamos en la región del espacio que está dominada por el viento solar, podemos decir que ya han abandonado el Sistema Solar, pero desde el punto de vista gravitacional siguen en nuestro vecindario.

Pasará mucho tiempo hasta que las sondas Voyager abandonen esta región de la galaxia. En solo unos años, todos los instrumentos que aún permanecen en funcionamiento se desactivarán. A partir de ese momento, las sondas serán tremendamente difíciles de detectar, incluso para una civilización avanzada. A eso le podemos sumar que el espacio es muy grande. **La posibilidad de que pasen tan cerca de una estrella, que además contenga una civilización avanzada, es ínfima, incluso en una escala de miles de millones de años.**

Sin embargo, en este caso poníamos la atención en el tipo de mensaje que sería interesante recibir. No hay ninguna duda de que algo así, como el contenido de los discos de oro, sea lo más deseable. Todo sería cuestión, básicamente, de entender con qué se ha cifrado el contenido. Aunque no tiene por qué ser visto como algo trivial. ¿Seríamos capaces de reconocer, por ejemplo, la representación del tiempo de transición del átomo de hidrógeno por parte de otra civilización? ¿Y si ellos optan por, en su lugar, la velocidad de la luz? ¿Lo reconoceríamos?

Las preguntas en ese sentido son interminables. **Siempre se ha dicho que las matemáticas son el lenguaje universal. Pero, incluso así, no hay garantía de que pudiésemos entender lo que dice una civilización.** De hecho, hay que tener presente que necesitamos captar el mensaje… y saber qué es lo que estamos captando.

Uno de los casos más intrigantes de la astronomía moderna fue la *señal Wow!,* que, a día de hoy, sigue siendo un enigma. Fue captada el 15 de agosto de 1977 con el radiotelescopio Big Ear, en Ohio. Tuvo una duración de 72 segundos. Unos días después, Jerry R. Ehman se encontró con una medición extraña, al repasar los datos recogidos por el radiotelescopio. **En una columna, se encontró la sucesión de valores 6EQUJ5. Su sorpresa fue tal que la rodeó y escribió *Wow!* justo al lado. Pero ¿por qué? Esa secuencia, aparentemente indescifrable, era similar a lo que se esperaría encontrar si se tratase de una señal interestelar.**

Una de las misiones del radiotelescopio era, precisamente, captar señales enviadas desde otras estrellas, en busca de posibles civilizaciones extraterrestres. Los datos indicaban que había llegado una señal procedente de algún lugar en la constelación de Sagitario. Inicialmente, los investigadores trataron de descartar las explicaciones más evidentes. La señal no parecía el producto de satélites o transmisores terrestres. Especularon que su origen pudiera estar realmente en algún lugar a muchos años-luz del Sistema Solar.

La secuencia 6EQUJ5 indica la intensidad de la señal captada por el radiotelescopio. Seguía un sistema lineal, comenzando con el 0 y terminando con el 9. Es decir, llegando hasta una intensidad de 9,9. A partir del 10 se usaban letras. De tal manera que una A indica una intensidad de 10, una B se corresponde con el 11, y así sucesivamente. Normalmente, como mucho, el radiotelescopio captaba señales que llegaban al 4, que eran parte del ruido normal del espacio profundo.

En esa secuencia, el valor más alto, la U, se corresponde con una intensidad de 30. Es decir, esa señal era 30 veces más fuerte que el ruido normal del espacio. Además, **la frecuencia de la señal tiene dos valores que resultan aún más interesantes: 1420,356 MHz y 1420,4556 MHz.** Ambas cifras están muy cerca de la frecuencia del hidrógeno, que es de 1420,40575177 MHz. Se trata del elemento más común del universo y tiene una frecuencia alta. Por lo que no es absurdo pensar que una civilización podría utilizarla para enviar mensajes. Los dos valores están, precisamente, a 0,0498 MHz (por encima y debajo) de la frecuencia del hidrógeno. **Si tenemos en cuenta todos los factores, parece de lo más prometedor.** Y, sin embargo, más de cuatro décadas después seguimos hablando de esta señal en clave enigmática.

¿Por qué no se sabe qué fue esa señal? Porque la recibimos de forma incompleta. El radiotelescopio Big Ear tenía dos receptores, pero era incapaz de moverse. Usaba la rotación del planeta para analizar el firmamento. Así que, por su tamaño y velocidad, solo podía analizar un punto concreto durante 72 segundos, y siempre con el mismo patrón.

Una señal extraterrestre que fuese continua tendría una duración de 72 segundos e iría en aumento hasta los 36 segundos (justo cuando la señal estaría en el centro del campo de observación del radiotelescopio) y otros 36 segundos en descenso. La intensidad de la señal captada encaja precisamente con esa expectativa.

Tres minutos después, el segundo receptor debería observar la misma señal y registrarla debidamente. Ese era el funcionamiento del radiotelescopio Big Ear... Y no sucedió con la señal *Wow!* **Porque, tres minutos después, cuando el segundo receptor pudo observar aquel mismo lugar, ya no había señal alguna.** Es algo frustrante. Todo encajaba con lo que cabría esperar de una señal. En los años posteriores, hubo multitud de intentos por volver a captar esa señal con telescopios incluso más potentes.

Hasta ahora no se ha vuelto a captar, y en estas décadas se han planteado diferentes explicaciones. El propio Ehman llegó a dudar, durante algún tiempo, de que la señal fuese extraterrestre. Pero él mismo abandonó aquella idea en un estudio posterior, al entender que, para reproducir la señal observada, eran necesarias unas condiciones muy específicas. En los últimos tiempos se ha sugerido que dos cometas del Sistema Solar habrían sido los responsables. En ese caso, ambos receptores habrían captado la señal.

¿Es posible que estuviésemos ante una señal extraterrestre? Se ha determinado que el posible lugar de procedencia pudo ser una región cercana al cúmulo globular Messier 55. Una gigantesca agrupación de estrellas a 17 600 años-luz de la Tierra. Pero cerca del cúmulo globular no parece haber estrella o planeta alguno.

En cualquier caso, **suponiendo que fuese así, haría falta un transmisor de 2,2 gigavatios para poder enviar la señal. En nuestro planeta, el transmisor más potente tiene 2,5 kilovatios.** Es decir, estaríamos ante una civilización que parecería tener una capacidad tecnológica muy superior a la nuestra (1 gigavatio es 1 millón de kilovatios). Pero, **en estas décadas, no se ha vuelto a captar señal alguna.** Es, probablemente, el mayor enigma en el mundo de la búsqueda de vida extraterrestre. ¿Qué era lo que captó el radiotelescopio Big Ear?

¿Podría haber sido un mensaje que solo llegó a captarse de forma parcial? Eso podría pasarnos. No es una explicación ni mucho menos descabellada. ¿Cómo sabemos que en este tiempo no hemos captado otros mensajes porque no estábamos mirando en la dirección adecuada en el momento adecuado? Es algo que nos da para enfatizar aún más la dificultad de la comunicación en el espacio. Es un lugar tan sumamente grande que basta con mirar en la dirección equivocada para no enterarse de su presencia…

Esto, además, se ve exacerbado por el hecho de que las civilizaciones no tienen por qué ser abundantes en la Vía Láctea, o siquiera en el conjunto del universo. No podemos olvidar que es cierto que la vida surgió en la Tierra casi tan pronto como fue posible. Pero pasaron miles de millones de años hasta que aparecieron las formas de vida complejas…

CAPÍTULO VI
LA VIDA EXTRATERRESTRE ES...

Una impresión muy extendida es que la vida más allá de la Tierra es inevitable. Es una simple cuestión numérica. A fin de cuentas, la Vía Láctea tiene unos 200 000 millones de estrellas. Se calcula que en el universo observable hay unos 2 billones de galaxias. Cada galaxia contiene, como poco, miles de millones de estrellas. Algunas, como Andrómeda, llegan incluso al billón de estrellas. En definitiva, son muchas estrellas y galaxias… Por tanto, **podríamos pensar que la vida tiene que ser inevitable** y la única pregunta que nos haríamos sería cuándo la encontraremos.

El problema es que, como hemos visto en capítulos anteriores, nos movemos en un campo plagado de hipótesis. Es cierto que hay vida en la Tierra desde tan pronto como fue posible. Pero no es menos cierto que, a pesar de ello, no se sabe qué mecanismo provocó su aparición. En contraposición, sumando otro punto a favor, podemos decir que los planetas rocosos, como el nuestro, en la zona habitable de sus respectivas estrellas, serán abundantes a lo largo y ancho del universo. Es decir, las condiciones que permiten la aparición de la vida deberían ser muy abundantes y frecuentes, porque no hay nada especial en nuestro planeta.

Podemos, incluso, dejar volar la imaginación preguntándonos qué tipos de criaturas podríamos encontrar en otros mundos. La ciencia ficción e incluso la fantasía y otros géneros nos han dejado ejemplos de formas de vida muy diferentes a los que podemos encontrar en la Tierra. **Si queremos lanzar preguntas al aire, lo cierto es que no hay nada que nos impida plantear los escenarios que queramos.** Por ejemplo, ¿es posible que las civilizaciones solo puedan estar compuestas por criaturas bípedas como nosotros? Quizá sí. O quizá, en algún lugar de la Vía Láctea, hay una civilización formada por criaturas similares a los centauros mitológicos… El límite, a falta de información, es en muchos sentidos el que dicte nuestra propia imaginación.

Pero lo importante es que lo que ha sucedido aquí debería haber sucedido en muchos otros lugares. Parece una suposición de lo más plausible. Sin embargo, el hecho de no saber cómo apareció la vida nos obliga a recordar lo que no conocemos, y esto es una gigantesca incógnita. **Es posible que, en realidad, el mecanismo que permitió que aquí la vida echase a andar sea extraordinariamente raro. ¿Pero hasta qué punto?**

Puede que tanto como para llegar a una situación en la que, para que aparezca la vida en un único planeta del universo observable, necesitemos 2 billones de galaxias y miles de millones de estrellas por galaxia para que solo un planeta sea capaz de conseguirlo. A fin de cuentas, hay que recordar que **los números grandes (y pequeños) no se nos dan demasiado bien.** Es algo aplicable a muchos contextos. Por ejemplo, sabemos que 10 años es un lapso muy grande desde la perspectiva de la vida de un ser humano. Y 50 años, a su vez, es todavía más largo. Con no mucho esfuerzo, seguramente seamos capaces de poner en perspectiva cuánto tiempo ha transcurrido desde hace, digamos, 200 años.

Pero vamos aún más lejos… **¿Somos capaces de poner en perspectiva cuánto tiempo ha transcurrido desde hace 10 000 años? ¿Y desde hace 1 millón de años?** Estamos hablando de cifras que, desde la perspectiva astronómica, resultan irrisorias. ¿Somos realmente conscientes de lo que suponen 65 millones de años? Es el tiempo transcurrido desde la extinción de los dinosaurios y muchas otras formas de vida. En la historia de nuestro planeta, es muy reciente.

Si nos remontamos aún más, hace 4500 millones de años se formó el Sistema Solar. Sin embargo, no es ninguna locura decir que, aunque sabemos que la extinción de los dinosaurios es muchísimo más reciente que el nacimiento del Sistema Solar, ambos están en una suerte de nebulosa de momentos lejanos, junto con el Big Bang. Todos sucedieron en momentos diferentes, pero nos resultan tan sumamente remotos que es difícil ponerlos en la perspectiva que les corresponde.

Lo mismo es aplicable a las distancias. La Luna está a 384 400 kilómetros de media. Desde la superficie de la Tierra podría parecer que está ahí al lado, al alcance de nuestra mano. Sin embargo, nos separa una distancia equivalente, aproximadamente, a 30 veces el diámetro de la Tierra. La estrella más cercana, Próxima Centauri, parte del sistema de Alfa Centauri, está a 4,24 años-luz. Es una distancia muy cercana, de nuevo en la escala astronómica. Pero ¿podemos ponerla en perspectiva? La respuesta es que con toda probabilidad no sea así o que, como mínimo, nos cueste muchísimo entender la auténtica dimensión de una distancia como, por ejemplo, 25 000 años-luz.

Así que, si tenemos en cuenta todo esto…, ¿por qué no nos iba a pasar lo mismo respecto a la cantidad de galaxias, estrellas y planetas del universo? **Que una cifra sea tremendamente grande, y se salga de lo que estamos acostumbrados a usar en nuestro día a día, no quiere decir que, en consecuencia, nos permita pensar que algo se convierta en inevitable.** Es decir, puede que la probabilidad de que aparezca la vida sea tremendamente pequeña. O puede que lo tremendamente raro sea algún punto en particular de la evolución de la vida.

Esto nos lleva a hablar, inevitablemente, de la archiconocida paradoja de Fermi. El planteamiento es muy sencillo. **Si todo nos indica que la vida debería ser abundante…, ¿dónde está todo el mundo?** Fue una pregunta que se hizo

Enrico Fermi, un físico italiano, allá por 1950, y que Michael Hart, un astrofísico estadounidense, respondió en 1975 sugiriendo que, simplemente, los extraterrestres no existen. **Con el paso de los años han surgido muchas posibles explicaciones para la paradoja de Fermi. Una de ellas, especialmente interesante, es la del Gran Filtro.** Plantea que algo, desde la aparición de la vida hasta una civilización capaz de expandirse a otras estrellas, es extremadamente difícil. En función de dónde se encuentre ese Gran Filtro, nos encontramos ante buenas o malas noticias, que podrían determinar directamente el futuro del ser humano.

Por ejemplo, supongamos que el Gran Filtro se encuentra, como comentábamos, en la aparición de la vida en sí misma. En ese caso, querría decir que muchos planetas tendrán la posibilidad de albergar vida, por contar con todo lo necesario, y sin embargo en solo una pequeñísima cantidad (tan pequeña como uno, ¿tal vez?) llegará a aparecer. Si fuese así, serían buenas noticias, porque querría decir que hemos pasado el momento más complicado de nuestra existencia y que, de aquí en adelante, no hay nada que ponga en peligro la presencia del ser humano a lo largo de la historia del universo (más allá de nuestras propias acciones).

Del mismo modo, si el Gran Filtro está en la aparición de la vida compleja, que tardó miles de millones de años en surgir en nuestro planeta, o en la aparición de la inteligencia, seguimos encontrándonos ante buenas noticias porque, de nuevo, ya lo hemos superado.

Pero ¿y si está por delante de nosotros? ¿Y si todavía no hemos llegado al Gran Filtro? Podría estar, por ejemplo, en conseguir convertirnos en una sociedad interplanetaria antes de que un meteorito, como el que acabó con los dinosaurios, choque con nuestro planeta. Porque no hay que olvidar que la pregunta no es si un asteroide puede chocar con la Tierra. La pregunta que nos hacemos es cuándo volverá a suceder. Si, para ese entonces, seguimos habitando únicamente en nuestro planeta, estaremos abocados a la extinción. Por eso es tan importante que, más pronto que tarde, el ser humano consiga expandir su presencia a otros lugares del Sistema Solar. **En cierto modo, tener una presencia permanente en Marte, o en la Luna, nos asegura la inmortalidad como especie.** Al menos en lo referente a cataclismos en la escala planetaria.

Si teniendo asentamientos en la Luna y Marte, por ejemplo, un gran asteroide chocase con la Tierra, la pérdida de vidas humanas supondría un gran varapalo (en el caso de que careciésemos de la tecnología para evacuar todo el planeta), pero **la especie seguiría siendo capaz de sobrevivir.** Es cierto que las amenazas capaces de extinguirnos son múltiples, como una supernova demasiado cercana, o una ráfaga de rayos gamma. Pero, en el caso de lo primero, no hay ninguna estrella lo suficientemente cercana al Sistema Solar que vaya a explotar como supernova en los próximos cientos de miles o millones de años. En cuanto a lo segundo, es un fenómeno extremadamente raro y nuestro planeta está habitado desde hace miles de millones de años.

Por eso es importante entender dónde está ese Gran Filtro. Encontrar otras civilizaciones puede servir para entender qué nos espera en el futuro. ¿Están abocadas las civilizaciones a su propia destrucción, ya sea por sus acciones o por su incapacidad de desarrollar la tecnología necesaria para evitar su extinción? Quizá sí, y tan solo unas cuantas tengan capacidad de sobrevivir.

Lo más interesante es que podemos utilizar ese Gran Filtro como una herramienta para extrapolar lo que podríamos encontrar en otros lugares del universo. Es decir, imaginemos que el Gran Filtro es la propia aparición de la vida. Deberemos esperar, en consecuencia, encontrar muchísimos mundos habitables que nunca han llegado a desarrollar vida. La Tierra sería, por tanto, una excepción en un universo plagado de oportunidades perdidas.

Es posible que el Gran Filtro sea la aparición de la vida compleja. En ese caso, lo que quiere decir es que la vida podría ser extremadamente abundante, a lo largo y ancho del universo, en forma de vida microbiana. Sin embargo, la cantidad de mundos con vida compleja sería muy reducida, y la cantidad de mundos con vida compleja e inteligente podría ser todavía más baja.

También cabe la posibilidad de que el Gran Filtro sea la aparición de la inteligencia. O, si lo preferimos, la inteligencia y los rasgos evolutivos necesarios para permitir la aparición de una civilización (a fin de cuentas, no podemos olvidar que hay otras criaturas inteligentes en nuestro planeta). En ese caso, podría haber multitud de planetas con vida compleja, pero las civilizaciones serían poco frecuentes.

Puede, incluso, que las civilizaciones sean extremadamente frecuentes, pero que duren poco tiempo en la escala astronómica. Que ninguna, o casi ninguna, llegue a desarrollarse hasta alcanzar el punto de poder viajar a otras estrellas. Si bien este escenario no parece muy probable, ya que, en décadas de búsqueda, no se ha captado ninguna señal de civilización inteligente extraterrestre. Y es que, si fuesen tan frecuentes, debería haber alguna en nuestro entorno.

Pero, de todas formas, **a lo largo de las décadas ha habido diferentes estudios que han intentado determinar tanto la abundancia de la vida (en diferentes grados de complejidad) como de civilizaciones presentes en la galaxia.** Algunos son particularmente elaborados, apoyándose en suposiciones que podemos considerar más o menos fundamentadas. Así, encontramos estudios que plantean que la vida podría ser abundante en mundos rocosos. Otros que plantean que los mundos oceánicos (como Encélado o Europa) podrían ser más aptos para la aparición de la vida. Incluso hay estudios que afirman que la Vía Láctea debería contener 36 civilizaciones (con un margen de error generoso).

También se ha hablado, en no pocas ocasiones, de si otras civilizaciones pudieran ser benévolas o malévolas.

Tradicionalmente, parece que asociamos que una civilización extraterrestre, más avanzada que la nuestra, será, por lógica, benevolente. A fin de cuentas, habrá madurado más allá de lo que nosotros lo hemos logrado. En su camino, parece lógico suponer desde ese punto de vista, habrán concluido que la única opción lógica para prosperar es la bondad.

Se podría hacer una lectura que roza casi lo religioso en algunos aspectos. **No en vano se ha planteado en alguna ocasión que, para ciertas partes de la sociedad, parece que los extraterrestres han reemplazado a las religiones.** Para muchas personas, la religión es una especie de bote salvavidas. La esperanza, si lo queremos ver así, de que algo o alguien infinitamente más sabio que nosotros se encarga de velar por la seguridad y el bienestar del ser humano. Como si fuese una suerte de tutor que se asegura de que todo va a salir bien.

Basta con echar un vistazo a los testimonios que se pueden leer en las supuestas abducciones extraterrestres. **Los mensajes suelen ser, en la inmensa mayoría de los casos, de esperanza y salvación.** Criaturas extraterrestres que han venido, dicen aquellos que aseguran haber sido abducidos, a salvarnos de nosotros mismos. **Es el mismo mensaje que nos ofrecen muchas de las religiones del mundo, solo que en este caso reemplazamos a la deidad de turno por una criatura extraterrestre.**

Pero podemos fijarnos en nuestra propia historia y en el momento en que vivimos. ¿Podemos decir que, como sociedad, somos mejores que hace, por ejemplo, cien años? Es cierto que no ha habido más guerras mundiales desde mediados del siglo XX. Pero los conflictos armados se siguen sucediendo en diferentes lugares del planeta. Al igual que los actos terroristas. Eso sin recordar la inmensa variedad de retos a los que nos enfrentamos, que en muchos casos han venido propiciados por nosotros mismos. Fenómenos como el cambio climático o el desarme nuclear.

Si ponemos todo eso en una balanza, parecería justo decir que, a pesar de que hemos avanzado mucho en el último siglo, la bondad no parece haberse distribuido en la sociedad al mismo ritmo (si bien no es ningún error decir que como sociedad hemos mejorado respecto a hace un siglo y que, sin duda, en el futuro será una sociedad mejor). Por tanto, **puede que una civilización mucho más avanzada no sea perfecta. Puede que la violencia siga presente en ella. Quizá no sean criaturas perfectas.**

Stephen Hawking es un nombre que destaca particularmente llegados a este punto. En los últimos años de su vida, en no pocas ocasiones, habló del riesgo que entrañaba, a su modo de ver, el enviar mensajes a otros lugares de la galaxia. **No era posible asegurar que no hubiese una civilización hostil escuchando ese mensaje, en busca de una civilización a la que poder atacar y erradicar de la galaxia.** Él mismo lo explicaba en el documental *El universo de Stephen*

Hawking, donde mencionaba que los extraterrestres avanzados podrían convertirse en nómadas, buscando planetas a su alcance que pudiesen colonizar y conquistar. **Llegó a comparar el encuentro con una civilización avanzada con la llegada de Colón a América, en un intento por escenificar su preocupación.**

¿Qué lectura se debería hacer de esa postura de Stephen Hawking? Es indudable que se trata de una de las figuras más importantes de la historia de la astronomía. Pero, como todos, era un ser humano y disponía del mismo conocimiento que el resto. Es decir, Hawking no sabía, siquiera, si hay criaturas inteligentes en otros lugares de la galaxia. Su opinión, por tanto, puede verse de diferentes maneras.

La más sencilla es simplemente pensar que se trataba de un tipo pesimista. Hay otras, sin embargo, que resultan más interesantes. No hay que olvidar que también era un gran comunicador científico. En muchas ocasiones, se esforzó por hacer llegar a la sociedad el conocimiento que la ciencia estaba acumulando y por concienciar sobre el impacto que nuestras propias acciones podían tener. Sin ir más lejos, **también dio la voz de alarma sobre la inteligencia artificial.**

Su lógica no es ni mucho menos críptica o difícil de seguir. **Tarde o temprano es posible que se llegue a disponer de la capacidad para crear una inteligencia artificial completa.** Un ser vivo, en muchos sentidos, solo que con una base tecnológica y sin las limitaciones a las que se enfrenta el ser humano. Por ello, el genial físico británico sospechaba que podría darse una situación que resultaría desesperante para el ser humano.

Una inteligencia artificial podría mejorarse a sí misma y desarrollarse a su propio ritmo. Por su naturaleza, sería capaz de evolucionar mucho más rápidamente de lo que lo pueden hacer los seres humanos. En cuestión de tiempo, nos veríamos superados por nuestra propia creación y, quizá, podrían decidir que nuestra presencia es innecesaria. Otras figuras, como Elon Musk, han expresado preocupaciones similares.

Pero ¿son fundadas? Probablemente es pronto para saberlo, ya que todavía queda mucho por avanzar en ese campo. **No parece que debamos preocuparnos por la aparición de una inteligencia artificial que llegue a ser consciente de su propia existencia en los próximos años.** No hay motivos para pensar que ese escenario debería convertirse en realidad. **Ni siquiera está claro cómo replicar el funcionamiento del cerebro humano.** Qué decir, si queremos entrar en un aspecto ya casi filosófico, de la conciencia. ¿Se le puede otorgar conciencia a una inteligencia artificial? ¿O, por el contrario, está destinada a ser simplemente un autómata, guiada por su programación, capaz de realizar tareas extremadamente complejas, pero completamente ajena al hecho de que existe?

Son cuestiones que, para bien o para mal, deberán quedar relegadas a otras obras más adecuadas para enfrentarse a este campo. Baste decir, eso sí, que son muchas las voces que también han restado importancia a la postura de Stephen Hawking o Elon Musk. **La inteligencia artificial, y su desarrollo en el futuro, parece ser algo que provoca división de opiniones.**

En el caso de la búsqueda de vida extraterrestre, también encontramos esas mismas posturas ejemplificadas en casos más prácticos. Por un lado, hay multitud de ejemplos de civilizaciones benevolentes que trabajan en busca del bien común. Universos como el de *Star Trek* o *Star Wars* son un fantástico ejemplo de ello (aunque hay lugar para el conflicto en ambos casos). Pero, **en los últimos años, *El bosque oscuro,* del escritor chino Cixin Liu, ha adquirido una gran popularidad porque plantea su propia hipótesis sobre por qué no sabemos nada de otras civilizaciones.**

La obra es la segunda de una trilogía que comenzó con *El problema de los tres cuerpos.* En su obra, Cixin Liu plantea preguntas sobre cómo relacionarse con una vida extraterrestre que podría ser potencialmente hostil. A partir de ahí, **expone un razonamiento que puede parecer muy difícil de contrarrestar.** Concretamente, que cualquier ser vivo desea sobrevivir (lo que popularmente conocemos como el instinto de supervivencia), así que, **como no hay garantía de que no haya formas de vida que no vayan a intentar destruirnos, si se presenta la oportunidad, la mejor acción sería aniquilar a otras civilizaciones antes de que lleguen a tener la ocasión de hacer lo mismo con nosotros.**

En la actualidad, podemos decir que **este planteamiento es conocido como la hipótesis del bosque oscuro,** que describe la propia novela. El universo es un gigantesco bosque silencioso. En él, cada civilización observa en silencio, analizando cuidadosamente su entorno y asegurándose de no emitir señal alguna que pueda desvelar su existencia al resto de civilizaciones, que, a buen seguro, estarán haciendo lo mismo que ellos. Si en algún momento se topa con otra civilización, entonces hay que pasar a la acción y poner fin a su existencia antes de que suponga una amenaza. No importa en qué nivel de desarrollo se encuentre. Porque, en este caso, lo primero y esencial será asegurar su propia supervivencia.

En este contexto, podemos imaginar una galaxia que resulta más bien aterradora. Por definición, la hipótesis que plantea Cixin Liu es la de que solo sobrevivirá el más fuerte. Es decir, de haber realmente otras civilizaciones a la escucha, en busca de posibles amenazas, es lógico que la más desarrollada habrá acabado con todas las demás. O, al menos, todas las demás que haya descubierto. Al desconocer, sin embargo, la existencia de otras civilizaciones, nunca llegarán a tener la certeza de que son la más avanzada y desarrollada de la galaxia, por lo que jamás desvelarán su presencia.

En ese caso, la preocupación de Stephen Hawking podría resultar muy bien fundamentada. A fin de cuentas, al enviar señales al espacio estaríamos alertando a otras civilizaciones de que estamos aquí y que, por tanto, pueden venir a visitarnos (y arrasarnos) cuando quieran. **La hipótesis, al margen de que nos pueda parecer más o menos descabellada, es perfectamente válida como posible extensión de la paradoja de Fermi.** No vemos señal alguna de una civilización extraterrestre porque, simplemente, todas están al acecho, protegiéndose de posibles amenazas y listas para exterminar a quien se cruce en su camino.

Podemos enmarañar este razonamiento tanto como queramos en ambas direcciones. Por ejemplo, ¿es lógico suponer que todas las civilizaciones, llegado un cierto nivel de desarrollo, evitarán emitir señales al espacio para no delatar su presencia? Si le sumamos la posibilidad de que el viaje interestelar no sea práctico, de repente la amenaza pasa a ser mucho más secundaria. ¿Tendría sentido atacar a otra civilización que se encuentra, por ejemplo, a 1000 años-luz, después de un viaje de 10 000 años (por poner una cifra)? Para cuando los descendientes llegasen a aquella región de la galaxia, es posible que esa civilización ni siquiera exista. O, si lo queremos pintar todavía peor, que sea su propia civilización, mientras ellos vagaban por la galaxia rumbo a su destino, la que se haya extinguido. Son solo algunos ejemplos que podríamos considerar.

Esto mismo se puede hacer con cualquier hipótesis que se nos ocurra. **Es posible que, al carecer de una base sólida sobre la que argumentar cómo se comportarán los extraterrestres, tanto una solución optimista como una pesimista sean igual de válidas.**

En definitiva, **con el paso de los años se han publicado estudios de todos los colores.** No solo desde un prisma optimista, también desde uno pesimista. No en vano, **ha habido estudios afirmando que podríamos ser la única civilización...,** no solo de la Vía Láctea, sino del universo observable. Todo esto hace que cualquier hallazgo relacionado con la vida, sea de la naturaleza que sea, resulte revolucionario. **Si un día se descubre que Marte tuvo vida microbiana en el pasado, nuestra percepción de la vida en el universo cambiaría.** Imaginemos si esa vida todavía estuviese presente en el planeta y que, además, se determinara que hay vida también en Encélado o Europa (o ambos). La percepción sería, inevitablemente, que la Vía Láctea debe rebosar vida microbiana.

Podemos utilizar, también, la historia de nuestro propio planeta para deducir qué esperar. La vida aquí apareció tan pronto como fue posible. Así que quizá podamos suponer que la vida microbiana debe ser abundante en la Vía Láctea. A fin de cuentas, si no hay nada especial sobre nuestra estrella o nuestro planeta, parece lógico creer que tampoco lo hay sobre la aparición de la vida. Teniendo en cuenta que la vida compleja tardó miles de millones de años en aparecer, habría una cantidad pequeña de planetas en la Vía Láctea que hayan llegado a ese mismo punto (quizá porque no haya transcurrido el tiempo suficiente).

Finalmente, teniendo en cuenta que la Tierra solo tiene una civilización, podríamos suponer que en toda la galaxia solo algunos planetas habrán llegado a ese mismo nivel. Por lo que podría haber apenas unas cuantas civilizaciones. De media, todas estarían separadas entre sí por miles de años-luz. Y, para completar las suposiciones, si no hay nada especial sobre la vida en la Tierra..., ¿quizá tampoco lo haya sobre nuestro desarrollo? Es decir, que la mayoría de las civilizaciones pudiesen tener una tecnología similar a la nuestra. Una pequeña parte serían civilizaciones más avanzadas y otras serían más primitivas.

En ese caso, la cantidad de civilizaciones capaces de viajar a otras estrellas podría ser muy pequeña. Aunque en estas páginas, si has prestado atención, verás que hay una palabra que se ha repetido muchas veces: quizá. Porque, a fin de cuentas, las suposiciones son nuestras compañeras más fieles en este asunto.

CAPÍTULO VII

EL DILEMA DE LA COMUNICACIÓN

Probablemente hayamos dejado volar la imaginación, en más de una ocasión, pensando cómo será la comunicación con los extraterrestres. ¿En qué idioma hablarán? ¿Podríamos aprenderlo? ¿Cómo nos sonaría? Sin embargo, no tardamos mucho en darnos cuenta de que la realidad es más bien diferente. Los idiomas de la Tierra son, en esencia, variaciones de un mismo sistema de comunicación. Pero **no necesitamos marcharnos de nuestro planeta para caer en la cuenta de que la comunicación, más allá de las matemáticas y la ciencia, es poco menos que una quimera.**

El ejemplo más sencillo es, sin duda, el de la piedra Rosetta. Irónicamente, en la historia de la propia Tierra se encuentra este ejemplo magnífico sobre las dificultades para intentar comunicarse entre civilizaciones. Carl Sagan lo repasaba, magníficamente, en *Cosmos*. Decía que la civilización del antiguo Egipto no estaba separada de nosotros por la inmensidad del espacio, sino por el tiempo. **Durante si-**

glos, los jeroglíficos de los egipcios fueron un enigma que se mantuvo completamente indescifrable. Había multitud de teorías sobre qué podían significar y cómo desenmarañar sus mensajes, pero nada que permitiese conocer las historias y experiencias de seres humanos que habían vivido miles de años antes que nosotros.

Al menos, no fue así hasta la llegada de Jean-François Champollion, un historiador francés, nacido en Figeac en 1790 y fallecido en París en 1832, que **logró descifrar la escritura jeroglífica gracias a una antigua estela egipcia que conocemos como la piedra Rosetta.** En ella, en jeroglíficos egipcios, escritura demótica y griego antiguo, se habla de un decreto publicado en Menfis, en el año 196 antes de nuestra era, en nombre del faraón Ptolomeo V. Con el paso del tiempo, se ha determinado que, originalmente, la estela debió de ser parte de algún templo, estando expuesta en su interior. En algún momento fue trasladada y finalmente terminó siendo usada como material de construcción en un fuerte cerca de la localidad de Rashid, en el delta del Nilo.

Fue allí donde un soldado francés, Pierre-François Bouchard, la descubrió en 1799. En los años posteriores, sirvió para entender cómo funcionaba la escritura jeroglífica, de la que se había planteado todo tipo de teorías. Se dijo, por ejemplo, que aquellas figuras probablemente representaban símbolos. Resultó ser correcto, aunque solo parcialmente, ya que también tenían figuras fonéticas y representaciones simbólicas. Sea como fuere, lo interesante en esta historia, en lo que nos atañe para este libro, no es tanto la desbordante inteligencia y genialidad de Champollion, o la magnífica oportunidad que supuso su capacidad para descifrar los jeroglíficos egipcios y, así, abrirnos las puertas a las experiencias, vivencias e historia de toda una civilización antigua. **Lo importante es el hecho de que, en cierto modo, podemos verlo como algo parecido a establecer contacto con una civilización por primera vez.**

Sin la piedra Rosetta, o algo similar, probablemente nunca se hubiera llegado a entender el significado de los jeroglíficos egipcios. Eran algo muy diferente a la escritura que utilizamos hoy en día y, por tanto, no había un punto de partida por el que comenzar. Ese mismo problema nos espera cuando pensamos en cómo comunicarnos con una posible civilización de la que, esta vez sí, estemos separados por una gran distancia.

De hecho, podemos complicar el juego todavía más. **Estas posibles civilizaciones, como decía Carl Sagan en ese capítulo de *Cosmos*, se habrán desarrollado y evolucionado en condiciones muy diferentes a las nuestras.** Su experiencia será diferente, igual que lo será su mundo y su percepción del cosmos.

El valor de la piedra Rosetta se encuentra en que, gracias a la inclusión del decreto de Ptolomeo V en griego antiguo, existía un nexo común que permitía a los historiadores como Champollion, de finales del siglo XVIII y principios del XIX, romper la barrera de la comunicación y encontrar los paralelismos y traducciones necesarios para poder entender un sistema distinto. Pero solo fue posible porque, en la antigüedad, hubo personas con el conocimiento necesario para traducir aquellos mensajes a otras lenguas que ya dominaban.

Los extraterrestres, sin embargo, no hablarán nuestros idiomas. No encontraremos, en toda la vastedad del universo, a una criatura inteligente que hable inglés ni ningún otro idioma de la Tierra. No podremos apoyarnos en la esperanza de que pueda haber un intérprete. Alguien que, de algún modo, tenga el conocimiento necesario para traducir de un idioma nuestro a otro suyo. **Así que es necesario recurrir a un traductor universal.** Algo que, sin ser tan sofisticado, oportuno y útil como el dispositivo que podemos ver en *Star Trek*, sirva para permitir establecer una comunicación, por rudimentaria que sea, con criaturas inteligentes que se hayan desarrollado en otros lugares de la galaxia.

Ese lenguaje es el de la ciencia. El de las matemáticas, como ya veíamos en el caso del mensaje de Arecibo. Un sistema binario es muy sencillo de comprender y parece lógico suponer que, para cualquier civilización avanzada, será suficientemente básico para entenderlo o, quizá, para tener su propia versión. Pero, al igual que pasa con un jeroglífico egipcio, un texto en inglés, o en cualquier otro idioma, es necesario transmitir algo. Una frase compuesta por palabras escogidas al azar, en cualquier idioma de la Tierra, carecerá del más mínimo sentido incluso para los hablantes nativos de dicho idioma.

¿Qué contenido podemos utilizar? Hay un nexo común entre nuestra civilización y cualquier otra en el cosmos: el funcionamiento del universo. Las leyes de la naturaleza son las mismas en nuestro entorno y en cualquier otro punto del cosmos. **Una civilización que sea capaz de transmitir mensajes a otros lugares, o de construir naves espaciales, sabrá sin duda qué es el espectro electromagnético.** Conocerá conceptos como el de la gravedad o las interacciones nucleares fuerte y débil. Así que, en este sentido, **es el propio universo el que nos ha dado una piedra Rosetta universal.**

Los discos de oro de las sondas Voyager están codificados con el tiempo de transición de un átomo de hidrógeno por ese mismo motivo. Una civilización que quiera entender su contenido solo necesitará reconocer esa información. A partir de ahí, al igual que Champollion, que conocía el griego antiguo, podrá abrirse camino, con mayor o menor dificultad, a través del contenido de los discos, o de cualquier mensaje que se pueda enviar utilizando esa misma clave.

Podemos aplicar lo mismo en el sentido opuesto. **Si recibiésemos un mensaje (al margen de que sea algo extremadamente improbable), el primer paso será intentar reconocer qué es lo que se está enviando y cómo se ha codificado.** Pero hay un inconveniente que no podemos pasar por alto: somos presas de nuestra propia evolución. Tenemos una percepción del mundo y del tiempo muy concreta. Otras civilizaciones tendrán percepciones diferentes. Es algo de lo que ya hemos hablado en alguna ocasión. **Una civilización extraterrestre podría comunicar en apenas unos segundos lo que nosotros comunicamos en horas.** O, al revés, necesitar horas para transmitir lo que nosotros podemos comunicar en apenas unos minutos. En este escenario, me gusta recurrir siempre a la fantástica obra *El Señor de los Anillos*, de J. R. R. Tolkien, en la que nos encontramos con la figura de los ents. Criaturas que necesitan cantidades de tiempo extraordinarias para transmitir incluso las ideas más elementales. En el mundo de los ents, explica Bárbol, las comunicaciones transcurren con gran lentitud.

En tiempos mucho más recientes, el mundo del cine nos ha dejado una película que también resulta sumamente interesante porque se zambulle en el mismo problema. Se trata de *La llegada* (2016), en la que los seres humanos intentan descifrar los mensajes de criaturas extraterrestres. Su sistema de escritura es extremadamente complejo y alejado de lo que estamos acostumbrados a ver. Utilizan símbolos circulares, con multitud de pequeños matices, para transmitir ideas y mensajes que resultan relativamente simples, pero que pueden ser malinterpretados.

No dejan de ser ejemplos procedentes de la ficción, es cierto, pero nos permiten establecer las raíces de algo que puede ser crucial. ¿Seríamos capaces de reconocer un mensaje extraterrestre? Imaginemos que nos envían un mensaje complejo con una duración de apenas un puñado de segundos. En ese escenario, nuestro cerebro sería demasiado lento para interpretar un mensaje que se transmite mucho más rápido de lo que lo hacemos nosotros.

También podemos plantear el escenario opuesto. Un mensaje que es transmitido a lo largo de horas. Algo que nuestros instrumentos no llegan a detectar porque no observamos el mismo lugar del espacio durante el tiempo necesario para captar toda la transmisión, y lo descartamos pensando que se trata de ruido de fondo. En ese caso, nos encontraríamos con que nuestro cerebro trabaja demasiado rápido y no llega a reconocer que ese es el patrón de un mensaje llegado desde alguna otra estrella.

Somos presa de nuestra evolución... y de nuestra historia. Además de los discos de oro de las sondas Voyager, las sondas Pioneer también llevan una placa de oro. Su información es mucho más reducida, pero tiene un símbolo que resultó ser motivo de crítica y discordia. En la parte inferior de la placa, hay una representación de los planetas del Sistema Solar. Del tercero (la Tierra) parte una flecha que señala a la sonda, indicando que ese es el lugar desde el que se lanzó.

Al igual que las sondas Voyager, es extremadamente improbable que las sondas Pioneer puedan ser interceptadas por alguna civilización. Pero supongamos por un momento que es así. Imaginemos, además, que resulte ser una civilización cuya herencia cultural sea la de una sociedad de recolectores. Criaturas que, para sobrevivir, jamás necesitaron cazar. **El concepto de una flecha, en ese caso, se convierte de repente en un símbolo indescifrable.** Todo, simplemente, porque nuestros mensajes y nuestra percepción del mundo están basados en nuestras propias experiencias.

Imaginemos que, por un momento, llegásemos a establecer una conversación en tiempo real con una sociedad así. ¿Seríamos capaces de hacerles entender qué significa el concepto de caza? ¿O por qué era una parte necesaria y fundamental de la supervivencia en las primeras etapas de nuestra historia? Puede que, a pesar de todos nuestros esfuerzos, les resultase completamente incomprensible. Del mismo modo, **las experiencias de otras civilizaciones también podrían resultarnos igualmente crípticas, simplemente porque no nos hayamos desarrollado en un entorno como el suyo.**

A su vez, desde luego, podemos hablar tanto de civilizaciones más avanzadas como de más primitivas que la nuestra. O de lo diferentes que podríamos ser unas criaturas de otras. Entre los ratones y los seres humanos hay apenas un 2,5 % de diferencia en el ADN. Pese a eso, intentar hablar con ellos y contarles nuestras hazañas e historia sería una gran locura. ¿Cuál es la posibilidad de que suceda exactamente lo mismo con otras civilizaciones que pueda haber ahí fuera?

Todos estos factores, en realidad, nos pueden llevar a una pregunta todavía más incómoda, porque lo que hace es presentarnos una montaña que resulta todavía más complicada de escalar. **¿Podemos reconocer la vida extraterrestre? No deberíamos engañarnos respondiendo con un rotundo sí porque, simplemente, tengamos series y películas donde se representan criaturas extraterrestres de todo tipo.**

En esencia, todas estas visiones parten de un mismo patrón que no deja de ser un reflejo de la historia y evolución del ser humano, con diferencias más o menos llamativas. Criaturas bípedas, por lo general, que escuchan en nuestra misma frecuencia y que observan el espacio en la misma longitud de onda del espectro electromagnético que nosotros. Que tienen una percepción del universo como la nuestra…, porque es la única que conocemos. Criaturas con intenciones hostiles y amistosas, pero siempre, o casi siempre, con un pasado de lo más tumultuoso.

Por lo general, son criaturas extraterrestres exploradoras, igual que nuestra propia civilización. Es decir, **en el mundo de la ciencia ficción lo que estamos haciendo casi siempre es representarnos a nosotros mismos en forma de diferentes culturas extraterrestres,** enfatizando algún aspecto, positivo o negativo, de nuestra propia existencia.

No queda más remedio, sin embargo, porque no tenemos ningún otro molde del que partir. ¿Habrá otras civilizaciones que sean exploradoras? Presumiblemente sí. Pero ¿estarán interesadas en visitar esas estrellas personalmente? ¿O se contentarán con la exploración robótica de otros mundos, sabiendo que las condiciones en otros entornos serán, en la inmensa mayoría de casos, completamente incompatibles con el entorno que necesitan para sobrevivir? Más allá de unos pocos asentamientos en su propio sistema planetario y, quizá, en estrellas cercanas, para garantizar su supervivencia como especie, podrían no tener ningún incentivo para intentar viajar por la galaxia.

Puede que haya civilizaciones que solo quieran asegurar su existencia y que no tengan un sentido de la curiosidad particularmente desarrollado. Que, simplemente, sean muy eficientes a la hora de llevar a cabo sus proyectos y cuya única meta consista en evitar la extinción de su especie, convirtiendo todo lo demás en algo superfluo.

Si intentamos añadir todos estos factores, nos encontramos con mezclas que se alejan por completo de lo que experimentamos en la Tierra. Criaturas que tengan la capacidad de observar el universo solo en la longitud infrarroja, por ejemplo. Que se comuniquen en una frecuencia mucho más grave de lo que nuestros oídos pueden percibir y que, por las características de su mundo original, rehúyan de los lugares con mucha iluminación, por resultarles perjudiciales. Cualquier tipo de comunicación con ellos sería tremendamente frustrante, al no tener un canal común. Sin embargo, ambas civilizaciones compartirían la ciencia.

Esc es el denominador común en toda esta historia. Cualquier civilización avanzada que podamos imaginar, que haya llegado a desarrollar la capacidad de viajar a otros lugares de su sistema, sea por el motivo que sea (asegurar su propia supervivencia, curiosidad...), tendrá en su poder el concepto de la ciencia. Es un vehículo imprescindible para poder ir más allá. Sin la ciencia de por medio, no hay nada que hacer.

La ciencia es una herramienta muy potente y, a la vez, demasiado críptica. A lo largo de los años, se han planteado diferentes alternativas sobre métodos de comunicación que podrían utilizar los extraterrestres. Un caso que me gusta plantear, simplemente como ejercicio de imaginación, es el de la materia oscura. Supone, aproximadamente, entre el 20 y el 25 % del total de la composición del universo. Su función, de forma muy resumida, es la de proporcionar una fuente adicional de gravedad. Su presencia es indispensable para explicar, por ejemplo, por qué una galaxia se mantiene unida. Si solo se tuviese en cuenta la gravedad de la materia visible (todo aquello que podemos ver, y que solo es el 5 % del total del universo), las galaxias deberían haberse dispersado.

La materia oscura es una gran incógnita. No interactúa con el espectro electromagnético, solo con la gravedad. A lo largo del tiempo, se ha planteado qué partícula podría ser materia oscura. Ha habido multitud de razonamientos para intentar entender mejor uno de los grandes misterios del universo (junto con la energía oscura, responsable de la aceleración de la expansión del cosmos). Pero, hasta ahora, todos los esfuerzos han sido infructuosos.

Supongamos, por un momento, que en algún lugar de la Vía Láctea hay una civilización mucho más avanzada que la nuestra. Y, por qué no plantearlo así también, prodigiosa. Una civilización tan sumamente brillante que consiguió, en una etapa temprana de su desarrollo tecnológico, desentrañar el misterio de la materia oscura y comprender cómo estudiar sus características.

No solo eso, sino que incluso aprendió cómo manipularla. Desde su perspectiva, sin conocimiento de otras civilizaciones avanzadas, no hay nada que impida suponer que otras civilizaciones estarán completamente familiarizadas con la materia oscura si han llegado a un nivel de desarrollo similar al suyo. Así que, en un ejercicio de responsabilidad, intentando ponerle las cosas fáciles a posibles civilizaciones que haya en la galaxia, deciden enviar mensajes... utilizando la materia oscura.

Para ellos, el razonamiento es tan lógico y evidente, en este caso hipotético, como lo es para nosotros esperar que se use la frecuencia del hidrógeno por ser el elemento más común del universo. Sin embargo, no tendríamos forma de comenzar a sospechar, siquiera, que la materia oscura podría utilizarse, de alguna manera, para transmitir mensajes.

Es necesario aclarar, en cualquier caso, que este no es un ejemplo que deba ser tomado al pie de la letra. Tan solo pretende ser una ilustración de cómo no podemos proyectar nuestras expectativas y experiencias sobre otras civilizaciones. Especialmente si son civilizaciones más avanzadas que la nuestra, que parece ser la idea más popular en la sociedad cuando se piensa en vida inteligente más allá de la Tierra. Siguiendo un razonamiento similar, nos podemos encontrar con estudios que resultan de lo más intrigantes. En este caso, porque plantean lo que sí podríamos intentar detectar, con la esperanza de captar alguna señal tecnológica. En 2019, un investigador llamado Albert Jackson publicaba un estudio: *A Neutrino Beacon*. En él, planteaba que una civilización avanzada podría utilizar un haz de neutrinos, con la ayuda de estrellas de neutrones y agujeros negros, para comunicarse con otros lugares de la galaxia.

Es una de las muchas propuestas que se han estado haciendo, en las últimas décadas, en un esfuerzo por intentar entender cómo podrían comportarse otras criaturas inteligentes. Es algo que comenzó con Freeman Dyson, quien sugirió la existencia de las populares esferas de Dyson.

En ese estudio, Albert Jackson usó una frase de Freeman Dyson que decía, aproximadamente, lo siguiente: «La primera regla del juego es pensar en las actividades artificiales más grandes posibles, con los límites definidos, únicamente, por las leyes de la física. Después, búscalas».

Es un razonamiento del que podríamos decir que surgen, sin seguir exactamente los mismos pasos, conceptos como el del popular motor de curvatura o los agujeros de

gusano. Ambos sugieren cómo viajar rápidamente por el universo, sin necesidad de acercarnos a la velocidad de la luz, y establecen soluciones que, desde el punto de vista teórico, son plausibles. Algo completamente diferente es que se puedan llevar a la práctica.

Lo que planteaba Jackson en su estudio es que una civilización mucho más avanzada que la nuestra podría utilizar un haz de neutrinos para transmitir información, por su facilidad para viajar por el medio interestelar. Los neutrinos tienen la particularidad de apenas interactuar con la materia. En este caso no es necesario pensar en cómo se podría construir un dispositivo así. Es teóricamente posible, así que se puede dar por sentado que quizá en algún lugar de la galaxia ya se ha descubierto cómo llevarlo a cabo.

Cuando se piensa en la tecnología que pudiese tener una civilización más avanzada que la nuestra, ese suele ser el único límite. ¿Es posible utilizar la energía de un agujero negro para impulsar una nave? Sí. ¿Tenemos la tecnología y la capacidad para pensar en ello? Ni por asomo. ¿Es importante? No, porque una civilización mucho más avanzada tendría una tecnología tan superior a la nuestra que, con su conocimiento y desarrollo, bien podría ser un juego de niños. **En ese escenario, nuestra incapacidad para comprenderlo no es un impedimento.**

El estudio plantea algo similar. El investigador explica que, para enviar esos haces de neutrinos, se podría usar una lente gravitacional. Un objeto a medio camino entre nosotros y nuestro destino que permita amplificar la señal, actuando como una especie de lupa gigantesca (algo que se puede conseguir con un agujero negro que esté en el lugar adecuado, por ejemplo). Para lograrlo haría falta colocar esa fuente de neutrinos cerca de uno de estos objetos (una estrella de neutrones también podría servir). Eso sí, para poder crear una señal que pudiese ser captada en la distancia, sería necesario colocar una cantidad gigantesca de satélites en órbita del objeto elegido. Aproximadamente, un trillón.

Dicho de otra manera, **necesitaríamos colocar más satélites que la cantidad de estrellas que tiene la Vía Láctea** (incluso en los casos más optimistas, se suele estimar que nuestra galaxia tiene unos 400 000 millones de estrellas). **Es algo que está completamente fuera de nuestro alcance, pero que una civilización muchísimo más avanzada podría conseguir tarde o temprano.**

La cantidad de energía utilizada sería muy superior a la que necesita la humanidad en un año, pero bien podría ser una forma de comunicación de civilizaciones más avanzadas. La ventaja de este tipo de planteamientos es que permiten llevarnos a imaginar herramientas que sí tendrían la capacidad de detectar esas señales.

A fin de cuentas, **en la actualidad ya disponemos de telescopios de neutrinos,** por lo que, planteaba el investigador, si hubiese una civilización en algún lugar, podría provocar una cantidad de neutrinos poco frecuente en su entorno. Algo que estuviese por encima de lo que se esperaría encontrar de forma natural. Si se detectase algo así, cabría la posibilidad de que estuviésemos ante un tipo de mensaje.

Es solo un ejemplo de la dirección a la que nos llevan algunos estudios que intentan dar con la forma de detectar otras civilizaciones. Todos parten de un punto que hace que, a su vez, resulten frustrantes por ser incompletos: **no podemos saber cómo actuará otra civilización porque solo conocemos la nuestra.**

No digamos nada si, además, pretendemos descubrir cómo razonaría una civilización mucho más avanzada que la nuestra. A fin de cuentas, no parece descabellado suponer que una civilización más primitiva, en un punto de desarrollo parecido al que tenemos nosotros, probablemente tendrá como grandes objetivos descubrir si está sola en el universo, explorar su sistema planetario y seguir avanzando en su investigación del universo.

Una civilización avanzada, sin embargo, nos lleva a establecer una barrera arbitraria. ¿Cómo de avanzada? ¿Con la tecnología que, imaginamos, podríamos tener en 50 años? Entonces quizá sus prioridades y aspiraciones no sean muy diferentes a las nuestras. ¿Con una tecnología como la que podríamos tener dentro de 100 años? No hay forma de saber exactamente qué descubrimientos y avances tecnológicos nos depara el próximo siglo. ¿La tecnología de dentro de 1000 años? ¿De 10 000 años? ¿De un millón de años? Es ciencia ficción, siempre y cuando planteemos dispositivos que sean físicamente posibles.

Esto nos permite volver al asunto de la comunicación. ¿Y si otra civilización se comunica expresando ideas? ¿Y si utilizan un canal que ni siquiera hemos comenzado a imaginar que podría ser válido? ¿Y si han decidido que lo más lógico es que otra civilización pudiese utilizar solo la frecuencia de algunos de los elementos más extraños del cosmos para demostrar su existencia?

Como mucho, podemos hacer suposiciones en uno u otro sentido, pero nada más. Con las herramientas de las que disponemos, en realidad estamos limitados a enviar mensajes y esperar que alguno pueda ser interceptado. Aunque la probabilidad de que suceda, simplemente por el tamaño y la cantidad de estrellas de la galaxia, es ínfima. También podemos prestar atención al firmamento, buscando ser nosotros quienes detectemos un posible mensaje, pero volvemos a encontrarnos con las limitaciones del universo. ¿De qué nos serviría enviar un mensaje a una estrella a 1000 años-luz? Es una distancia cercana en la escala astronómica y, sin embargo, tardaríamos miles de años en saber si realmente habría alcanzado a alguna civilización.

E, incluso aunque fuese así, ¿cómo nos percibirían? No en vano, muchos científicos han expresado reparos respecto a la idea de enviar mensajes a ciegas, como ya hemos visto con el caso de Stephen Hawking. **No podemos tener la certeza de que una civilización más avanzada haya abandonado el concepto de la guerra.** O que tengan un sentido superior de la moral o la bondad. Puede que reciban mensajes diariamente y que, simplemente, los ignoren.

Pero... si no podemos establecer unos parámetros para intentar definir cómo podríamos establecer comunicación con criaturas de otras estrellas, ¿entonces qué nos queda? **El gran desafío para encontrar vida inteligente en otros lugares puede que no resida en intentar desentrañar cómo se comportarán, reaccionarán o percibirán el mundo criaturas cuya tecnología ni siquiera podemos llegar a imaginar.**

Puede que para encontrar esas respuestas no haga falta mirar más allá de nosotros mismos. Todavía somos una especie joven y, como decía Carl Sagan, que muestra gran curiosidad y parece de lo más prometedora. **Tenemos que conocernos mejor, tanto desde el punto de vista de una sociedad como desde el de una civilización e, incluso, probablemente, como individuos.**

Ni siquiera somos capaces de ponernos de acuerdo entre nosotros mismos en materia de cooperación internacional, por ejemplo. En el momento en el que escribo estas palabras, sin ir más lejos, Rusia ha anunciado que no se incorporará a los acuerdos del programa Artemisa. Es un gran proyecto para regresar a la Luna que ha organizado Estados Unidos de forma independiente. ¿El motivo del rechazo ruso? Está demasiado centrado en los propios estadounidenses. No es mi objetivo, ni el de este libro, el de juzgar el acierto o error de esa postura, pero es un recordatorio reciente de lo que intento plasmar en estas palabras. **Antes de intentar imaginar a una civilización avanzada, unida, actuando como una sola en busca de un objetivo común o un bien superior, quizá sea necesario que nosotros mismos comencemos ese camino.**

Todo eso nos preparará mucho mejor para hacer frente al futuro. No solo a las amenazas más inmediatas, a las que esas civilizaciones también se habrán enfrentado en su historia, como la extinción por el impacto de un gran asteroide o, incluso, un fenómeno como el calentamiento global. También a situaciones que nos resultan mucho más difusas y lejanas en el tiempo, como la muerte del Sol y, por extensión, del Sistema Solar. Porque es posible que, en realidad, un factor esencial del que no hemos hablado todavía sea una pieza clave para entender por qué parece que estamos solos. O, por lo menos, por qué parece que no hay civilización avanzada alguna a nuestro alrededor: el tiempo.

CAPÍTULO VIII

MÁS ALLÁ
DE LA BIOLOGÍA

Antes de adentrarnos en el siguiente capítulo, tenemos que recordar una vez más que, por definición, estamos especulando, tal y como hemos visto hasta ahora. **La certeza que existe en este momento es que la Tierra es el único planeta habitado.** A partir de ahí, solo tenemos suposiciones más o menos fundamentadas en el universo y su evolución, y planteamientos derivados de la observación de nuestro propio comportamiento. Es inevitable que tengamos cierta sensación de insignificancia, ya que nos movemos constantemente sobre el terreno de los supuestos.

En ciertos entornos existe un rechazo absoluto a todo aquello relacionado con la búsqueda de vida inteligente que ose, a pesar de tener una base científica, plantear escenarios que parezcan de ciencia ficción con nuestro nivel tecnológico actual. Sin embargo, no hay que perder de vista el hecho de que, si pensamos en una civilización avanzada, nos surgirán suposiciones completamente fantásticas. De hecho, **en** este punto es útil recurrir a la escala de Kardashov para poder abordar mejor esta cuestión.

Supongamos, por un momento, que realmente hay civilizaciones avanzadas en la Vía Láctea. Mucho más avanzadas que la nuestra. Sin embargo, no las detectamos por diferentes motivos. Bien por una capacidad tecnológica que escapa a nuestra imaginación (a fin de cuentas, estamos limitados por aquello que conocemos), bien porque en este momento no están mostrando señales de su actividad.

En 1964, **Nikolai Kardashov, uno de los astrofísicos rusos más conocidos, propuso un sistema para clasificar a las civilizaciones por la cantidad de energía que pudiesen controlar.** De tal forma que, cuanto más avanzada fuese una civilización, más energía tendría a su disposición. A fin de cuentas, el no haber comprobado aún la existencia de otras civilizaciones no debería impedirnos elucubrar sobre cómo podrían ser o hasta dónde podrían llegar sus capacidades y limitaciones. Eso sí, siempre con una idea clara: no podemos ir más allá de los límites establecidos por nuestro conocimiento del universo.

Por ejemplo, **sabemos que no es posible viajar más rápido que la luz, ya que cuanto más rápido nos movamos, más aumenta nuestra masa** (algo que se conoce como masa relativista, y que solo se manifiesta cuando nos movemos a velocidades cercanas a la de la luz). Esto provoca que, para seguir acelerando, con el aumento de masa, sea necesaria más energía. Es una pescadilla que se muerde la cola: como la masa relativista y la energía, que es necesaria para seguir acelerando, aumentan ambas, **para algo que tenga masa es imposible llegar al 100 % de la velocidad de la luz.**

Por ello, una civilización, sin importar lo avanzada que sea, jamás podrá viajar más rápido que la luz. Esto no es incompatible con el hecho de que pueda tener tecnología que le permita crear un agujero de gusano o utilizar un motor de curvatura para cubrir grandes distancias en el espacio sin necesidad de romper las leyes de la física.

La escala de Kardashov sigue esa misma premisa, igual que los planteamientos que se han hecho a lo largo de las décadas. Es una forma de asegurar, aunque pueda parecer algo fantástico, el planteamiento de una tecnología que podría estar desarrollándose en el universo. Nuestra incapacidad para imaginar cómo llevarla a cabo, como ya comentábamos en un capítulo anterior, no hace que se convierta en algo imposible, puesto que entra dentro de los límites de lo que conocemos.

Nikolai Kardashov propuso tres niveles de civilizaciones, en función de la energía que pudiesen utilizar. Así, **una civilización de tipo I utilizaría toda la energía que recibe su planeta,** procedente de su estrella. En las últimas décadas ha habido diferentes intentos por determinar en qué punto se encontraría el ser humano. No somos capaces de utilizar toda la energía que llega del Sol a la superficie de la Tierra, por lo que sabemos que todavía no estamos en el tipo I.

Generalmente, se estima que estamos en el nivel 0,7 o 0,8. Michio Kaku, un físico teórico estadounidense, ha planteado en diferentes ocasiones que quizá alcancemos el tipo I en los próximos 200 años. Así que todavía estaríamos lejos de ese primer tipo, pero con el avance de la tecnología deberíamos llegar en no demasiado tiempo.

El tipo II contempla civilizaciones que son capaces de utilizar toda la energía procedente de su estrella. La mencionada esfera de Dyson pertenece a ese tipo de tecnología. Una civilización de tipo II podría tener la capacidad de recoger toda la energía generada por el astro.

La esfera de Dyson es un ejemplo magnífico de cómo plantear una estructura que está completamente fuera del alcance de nuestra tecnología. No podemos pensar, siquiera, en cómo comenzar a construirla. Sin embargo, desde el punto de vista teórico, no hay nada que indique que su fabricación sea imposible (aunque sí extremadamente compleja). Lo más interesante es que este tipo de estructura podría ser detectada desde otros lugares de la galaxia. Una de las señales más evidentes se produciría al analizar la luz de una estrella. Si resultase ser mucho más brillante en el espectro infrarrojo que en el visible, bien podría deberse a la presencia de una estructura de este tipo.

Naturalmente, una civilización de tipo II, que fuese capaz de construir algo como una esfera de Dyson, tendría una capacidad tecnológica muy avanzada, por encima de lo que podríamos elucubrar. Pero resulta que hay otro escalón más, **el tipo III, difícil de imaginar incluso en cuanto a la cantidad de energía a disposición de una civilización. Porque, en este último escalón, nos encontraríamos con aquellas civilizaciones que fuesen capaces de utilizar toda la energía producida por su galaxia.**

¿Podemos llegar a imaginar la tecnología de una civilización de tipo III, cuando la de tipo II nos resulta ya francamente difícil? Es complicado incluso establecer qué métodos podrá emplear una civilización para llegar a ese tipo. Hace falta pensar en asuntos como ser capaz de recoger la energía producida por el agujero negro supermasivo en el centro de su galaxia, o toda la energía emitida por una ráfaga de rayos gamma, por ejemplo. **En muchos sentidos, una civilización de tipo III podría tener una tecnología que nos parecería más cercana a la magia.**

A modo de ejemplo, ¿es posible crear una nave impulsada por la energía de un agujero negro? La teoría dice que probablemente sí (aunque es justo mencionar que no está claro que una nave así entre dentro de lo que podemos llegar a conseguir en el marco de las leyes de la física). Para nosotros, es demasiado complejo imaginar cómo podría llevarse a cabo la construcción de una nave de ese tipo. Ya no hablemos del hecho de utilizar un pequeño agujero negro que impulse esa nave. Sin embargo, para una civilización de tipo III, sería mucho más asequible. Quizá incluso algo comparable a un juego de niños.

Hay variantes de la escala de Kardashov, en las que se añaden más niveles, como las civilizaciones de tipo IV y V (capaces de utilizar toda la energía del universo y del multiverso, respectivamente). Así como otras en las que se intenta determinar la capacidad de manipular la materia a diferentes escalas. Desde los tamaños más grandes (como objetos que podamos manejar con nuestras manos) hasta escalas microscópicas cada vez más pequeñas. En este aspecto, un ejemplo de civilización en la cumbre sería aquella capaz de manipular el tejido mismo del universo, de modificar el propio espacio-tiempo.

Es algo que suena a ciencia ficción y que, sin embargo, una civilización tremendamente avanzada quizá podría llegar a hacer. En este caso, como ya hemos sugerido, su tecnología probablemente nos parecería algo sacado del mundo de la magia.

Pero no necesitamos recurrir a la magia. En realidad, la pregunta a la que queremos responder en este capítulo es más simple: ¿Qué podemos aprender sobre la búsqueda de civilizaciones más avanzadas que la nuestra? Lo cierto es que aprenderíamos muchas cosas que podríamos aplicar en la comprensión del universo, de nuestra propia evolución e incluso de la Tierra.

Por ejemplo, **si suponemos que realmente debería haber civilizaciones avanzadas en algún lugar de la Vía Láctea,**

aunque solo sea una, cabe preguntarse por qué no hemos captado su presencia. Imaginemos el caso de una civilización de tipo II o III. Seguramente, con una tecnología tan sumamente avanzada, deberían haber dejado alguna señal de su existencia. **Pero al no haber encontrado nada, podemos suponer que no existen… o buscar planteamientos extravagantes.**

Esto último fue lo que hizo un grupo de investigadores en 2017, que planteó que las civilizaciones alienígenas no estaban siendo detectadas simplemente porque están en algo llamado estivación (similar a la hibernación). ¿Suena a majadería? No nos engañemos, sí. Pero, curiosamente, es un interesante vistazo a la historia del universo. A fin de cuentas, el cosmos que conocemos hoy en día no es como el de hace miles de millones de años. En el futuro, el universo será un lugar tremendamente diferente al entorno que conocemos hoy (de hecho, en algún momento muy lejano dejarán de formarse estrellas). Sabemos que, desde su creación, el universo se está enfriando lentamente.

Así que este grupo de investigadores plantea algo que resulta tan desconcertante como intrigante: las condiciones actuales del universo, para una civilización mucho más avanzada que la nuestra, simplemente no son óptimas. Literalmente, el universo en su estado actual sería un lugar demasiado cálido. ¿El motivo? Plantean que pueda ser una civilización que tenga una gran dependencia de la tecnología, de aparatos como ordenadores (pero en su versión avanzada equivalente a lo que queramos imaginar de una civilización de tipo II o III). Desde la perspectiva de esa civilización, la estivación tendría mucho sentido.

A fin de cuentas, **los investigadores parten de un fenómeno real**. Algo que sucede en nuestro propio planeta. **La estivación es un estado de inactividad en el que entran algunos animales cuando las temperaturas son demasiado altas.** Para una civilización muy avanzada, explican, tendría sentido esperar a que el universo sea un lugar todavía más frío de lo que ya es, antes de volver a entrar en funcionamiento. **Estarían esperando a un futuro muy lejano, en el que el proceso de información, con un universo más frío, podría hacerse de forma más rápida y eficiente.** De ese modo, podrían conseguir mucho más de lo que permitiría el universo en su estado actual.

Pero... ¿cómo sobrevivir durante miles de millones de años? Esto nos lleva a un campo que es muy popular en la ciencia ficción y que, también, se entrevé en la sociedad actual: **el transhumanismo.** La integración de ser humano y máquina, de forma que las capacidades del primero se vean mejoradas más allá de lo que la propia biología nos pueda ofrecer. En realidad, no tenemos ni que pensar en los populares cíborgs.

De hecho, en este contexto podríamos decir que serían ridículamente primitivos. **Los investigadores imaginan, en su lugar, una civilización que haya dejado atrás una existen-**

cia física, basada en cuerpos de carne y hueso, para pasar a almacenar su conciencia en un soporte digital. Algo así como subir nuestra propia mente a internet.

Aquí, obviamente, entramos en un territorio de lo más espinoso. ¿Es posible subir nuestra mente a un soporte digital? Hay defensores de que, con el paso del tiempo, llegará la tecnología necesaria para permitirlo. Otros, sin embargo, argumentan que no hay nada que haga pensar que sea así. A fin de cuentas, la conciencia es algo que está presente en cualquier ser humano, pero que no podemos encontrar en ningún ordenador que se haya desarrollado hasta ahora. Ni siquiera en el futuro parece fácil pensar en algún tipo de inteligencia artificial que sea consciente de su propia existencia. Y no solo eso, **todavía no está claro qué es la conciencia.**

Por eso, en este caso entramos en ese espinoso terreno del *vamos a suponer que sí porque no parece completamente descabellado* (aunque en unos años bien se podría determinar que, realmente, era completamente descabellado). **Hay investigadores que creen que el paso de una existencia biológica a digital es algo que puede darse de forma natural en la evolución de una civilización.** Pasar de vivir como seres de carne y hueso a ser criaturas digitales en el interior de un superordenador.

Para poder hacer algo así, es necesario desarrollar unas capacidades. Es decir, para existir como criaturas digitales, tendremos que ser capaces de disponer de una enorme capacidad de proceso de información. Algo que esos superordenadores proporcionarían a las civilizaciones. ¿Podemos imaginar cómo se construiría algo así o cómo funcionaría? En absoluto. Pero lo que sí podemos hacer es establecer límites. **La cantidad de operaciones que puede realizar un procesador depende directamente de su temperatura. A mayor temperatura, menor potencia de procesado.** Así que hace falta enfriar el procesador de marras.

Cuanto mayor sea la velocidad a la que trabaje, mayor será la cantidad de energía necesaria para poder enfriarlo. Así que estas civilizaciones puede que tarde o temprano se pregunten si realmente tiene sentido seguir así. Es decir, si su tecnología es tan sumamente avanzada, ¿por qué no esperar unos cuantos miles de millones de años hasta que el universo sea más frío? **En estos momentos, la temperatura del universo es de 3 K.** Tan solo tres grados por encima del cero absoluto. Es el calor procedente de la radiación de fondo de microondas, la luz más antigua del universo, que se emitió cuando tenía 378 000 años.

Es una temperatura bajísima (-270,15 °C), pero para una civilización basada en superordenadores podría ser exageradamente alta. Así que podrían esperar miles de millones de años para dejar que la temperatura del cosmos siga descendiendo. O, incluso, como sugerían los investigadores en aquel trabajo, dejar que pasen billones de años. Después de la muerte de la mayoría de las estrellas del universo, con un universo todavía más frío, podrían llevar a cabo operaciones a una velocidad muchísimo más alta que en la actualidad.

¿Por qué optarían por algo así? Quizá porque ya hubiesen explorado gran parte del universo, o hayan hecho todo lo que les permite la naturaleza en este momento. Es decir, que lo único que les quede sea el intercambio de información.

No entraremos a valorar si el planteamiento tiene sentido o no desde un punto de vista humano (de hecho, es algo que dejo a la consideración de cada uno). **Lo importante de todo este estudio, en realidad, no es cómo o por qué podrían hacerlo, sino cómo podríamos detectarlos, suponiendo que realmente estuviesen ahí fuera.** Tendrían capacidades descomunales. A fin de cuentas, necesitarían garantizar su existencia durante miles de millones o billones de años. Así que tendrán que interrumpir cualquier amenaza que pudiese poner fin a su existencia durante esa espera.

Por ello, **los investigadores sugerían que quizá habría que buscar la ausencia de fenómenos que sabemos que deberían suceder.** Por ejemplo, galaxias cercanas que nunca llegan a colisionar entre sí. ¿Podemos imaginar cómo evitar que la Vía Láctea y Andrómeda choquen dentro de 4500 millones de años? Ni siquiera podemos comenzar a plantearlo. Pero para una civilización de tipo III puede que fuese algo que estuviese a su alcance, con mayor o menor dificultad.

Y si hay una civilización tremendamente avanzada, interesada en la estivación…, ¿no debería haber otras que no lo estén? Ni siquiera tienen por qué ser tan avanzadas como esa. En este caso, una civilización tremendamente avanzada, que parece sacada de la fantasía, estaría en peligro. Sí, sin duda, podemos imaginar que tendrían sistemas de defensa (y probablemente incluso rodar varias películas que seguramente funcionarían bien en Hollywood). En realidad, esa vulnerabilidad sería, para una civilización rival, un gran momento para eliminarla.

Sin embargo, lo importante de todo esto no es lo que hemos desarrollado en estas páginas. No es si la imaginación de los investigadores es más o menos fértil. Ni si realmente tiene sentido pensar en civilizaciones almacenadas en el interior de superordenadores. Porque **la conclusión de los autores es que esta hipótesis probablemente tenga muy poca solidez. ¿Por qué la plantean? Para ilustrar que, en este caso, es necesario revisar todas las hipótesis, aunque parezcan sacadas de la ciencia ficción.**

También plantea mecanismos que, sin estar relacionados con una civilización como la que imaginaban, podrían ser la pista de su existencia. Galaxias, por ejemplo, que estén siendo movidas de formas muy extrañas.

Este estudio (*That is not dead which can eternal lie: the aestivation hypothesis for resolving Fermi's paradox,* de Anders Sandberg, Stuart Armstrong y Milan Ćirković) **es solo un** ejemplo extremo de lo que podemos plantear a la hora de determinar por qué no se ha encontrado señal alguna de una civilización avanzada, a pesar de que deba existir.

En este punto hemos abordado un escenario que nos resulta mucho más familiar que el de la estivación: el transhumanismo. La creencia de que, en algún momento futuro, el ser humano trascenderá más allá del cuerpo de carne y hueso. Es una figura que nos hemos encontrado muchas veces en el mundo del entretenimiento. Criaturas que han dejado atrás una existencia limitada por la biología para pasar a una existencia tecnológica.

Lo cierto es que tiene sus ventajas. **Nuestros cuerpos, sin importar lo mucho que avance la ciencia, siempre se deteriorarán.** La muerte es una parte inseparable del fenómeno de la vida. Al menos, de la vida biológica. Porque un soporte tecnológico podría permitir que pudiésemos existir de manera indefinida. Nos abre algunas posibilidades que resultan intrigantes…

Por ejemplo, **pensemos en el viaje interestelar.** Hablaremos de él con más calma en un par de capítulos. Pero ahora, como resumen, baste decir que **no está claro que sea posible viajar a velocidades cercanas a la de la luz.** No es descartable que, simplemente, el cuerpo humano sea incapaz de soportar ese tipo de viaje. Si, en su lugar, existiésemos como algún tipo de máquina, es posible que dejase de ser un impedimento (si bien habría otras cuestiones que seguirían necesitando respuesta).

A fin de cuentas, **con la tecnología actual, un viaje a la estrella más cercana duraría miles de años.** Para un ser humano actual, es imposible pensar en hacer ese viaje. No llegaríamos a nuestro destino. Ni siquiera llegaríamos a abandonar el Sistema Solar antes de nuestro fallecimiento. Sin embargo, **en ese soporte digital, podríamos existir durante mucho más tiempo de lo que la biología nos permitiría.** De repente, un viaje que parece completamente inabarcable se convertiría en algo muy diferente.

Extender la presencia de una civilización, de esa manera, sería también una simple cuestión de tiempo, incluso si su tecnología no avanzase mucho más allá. **La existencia en un soporte digital, también, permitiría la desaparición de enfermedades, escasez de recursos…, pero probablemente abriría las puertas a otro tipo de amenazas, como los virus informáticos.** Incluso en una existencia así, la sobrepoblación seguiría siendo un problema. A fin de cuentas, por mucho soporte digital, seguiríamos necesitando una fuente de energía. Dichos soportes, aunque mucho más duraderos, tampoco son indestructibles y se desgastan con el tiempo. Por lo que quizá sea más lógico pensar en ello como más resistente y duradero, pero no como una solución perfecta.

Tampoco necesitamos abandonar la biología para pensar en una existencia individual más larga. No en vano, en los últimos años se ha planteado que el ser humano, en un futuro no muy lejano, podría vivir con comodidad por encima del siglo. No solo eso, se ha llegado a afirmar que, una vez que se superase esa barrera, vivir un milenio no debería ser muy complicado.

Irónicamente, esto nos lleva otra vez a regresar a un cuadro que es difícil de ignorar. Nuestros propios avances en medicina muestran que la esperanza de vida de un ser vivo se puede prolongar notablemente a medida que la civilización evoluciona. Además, parece descabellado suponer que otras civilizaciones no tendrán entre sus primeras prioridades el alargar y mejorar su vida todo lo posible. ¿Adónde quiero llegar con esto? Al instinto de supervivencia. Es un pilar fundamental de la vida y será común a todas las civilizaciones y formas de vida que pueda haber en el universo.

Por lo que, sin factores externos, **una vez que aparece la vida, debería sobrevivir en un planeta durante muchísimo tiempo. La Tierra es un buen ejemplo.** Desde poco después de su formación, nuestro planeta ha estado siempre habitado. Por formas de vida más o menos avanzadas, desde luego, pero siempre ha tenido vida. **Esa vida, en nuestro hogar, ha sobrevivido a esos factores externos: impactos de cometas y asteroides, supernovas cercanas...**

Y si la respuesta es que las civilizaciones en otros lugares del universo, simplemente... ¿están muertas? O, mejor dicho, no han llegado a tener la oportunidad siquiera de llegar a evolucionar, a pesar de que la vida sí pudiese surgir en sus mundos. Es decir, en este caso nos vamos al extremo opuesto. Dejamos atrás la posibilidad de civilizaciones extremadamente avanzadas y nos centramos en el entorno que permite que aparezca.

Es el planteamiento de otro estudio, publicado en 2016 (llamado *The Case for a Gaian Bottleneck: The Biology of Habitability*) por los investigadores Aditya Chopra y Charles Lineweaver. La imagen es tan clara como demoledora: no hay otras civilizaciones en la galaxia, simplemente, porque no han tenido la oportunidad de evolucionar.

Ya hemos visto que, en principio, no hay nada que haga pensar que la vida en la Tierra es excepcional. Nuestra estrella es del montón, nuestra composición química contiene los elementos más abundantes, etcétera. Así que si la receta está presente en todas partes, pero no hemos logrado encontrar nada, a lo mejor es que simplemente no lo hay. El obstáculo sería, en este caso, la velocidad de la evolución.

Ambos investigadores explican que la vida, en sus primeras fases, es frágil. Por lo que puede que en solo muy pocas ocasiones llegue a evolucionar lo suficientemente rápido como para sobrevivir. No en vano, **la mayoría de los sistemas planetarios son lugares muy inestables en sus primeras etapas.** El Sistema Solar no es una excepción. Las formas de vida que aparezcan en la superficie de un planeta habitable necesitarán regular su entorno, para permitir que las condiciones sean óptimas para que la evolución pueda seguir su curso.

Ya conocemos la historia de la Tierra, pero también se plantea que tanto Venus como Marte pudieron tener vida microbiana en sus inicios. Si fue así, hace 3000 millones de años, lo que sucedió fue, simplemente, que no tuvieron la oportunidad de seguir avanzando porque ambos planetas sufrieron cambios catastróficos. Venus se convirtió en un infierno y Marte perdió su atmósfera y el agua líquida. **Se convirtieron en dos lugares completamente inhóspitos, mientras que la atmósfera de la Tierra, gracias a la vida microbiana, se iba transformando por la producción de oxígeno.**

En nuestro planeta, esa vida microbiana pudo continuar su trabajo. En Venus y Marte, si la hubo, fue arrasada antes de que llegase a tener la oportunidad de acondicionar su entorno para permitir que siguiese su camino. Es decir, el Gran Filtro, del que ya hemos hablado, se encontraría inmediatamente después de la aparición de la vida. Solo aquellas formas de vida que sean capaces de adaptarse con rapidez, y de provocar en su planeta unas condiciones relativamente estables para ser habitable, serán capaces de seguir adelante su camino. **Si durante esos primeros instantes, plantean los investigadores, no sucede así y la vida que aparece no logra transformar las condiciones del planeta, será durante el resto de su existencia un lugar completamente inhóspito, incapaz de albergar vida.**

Dicho de otro modo, la vida solo tendría una oportunidad para aparecer, justo en las primeras etapas del sistema planetario, y estabilizar su entorno y hacerlo habitable para otros organismos. Lo más deprimente de todo, en este estudio en particular, es que pinta un cuadro que no es absurdo. Sí, no hay nada especial sobre la vida en los aspectos que ya hemos mencionado. Pero tampoco hay nada especial sobre el hecho de que los sistemas planetarios, en sus primeras etapas, son lugares tremendamente inestables…

Según con qué frecuencia ocurriera, podríamos llegar a imaginar que solo un planeta por galaxia tendría la capacidad de desarrollar vida inteligente. En cuyo caso, solo habría un puñado de civilizaciones en todo el universo. Podríamos incluso ser aún más pesimistas y determinar que solo hay una civilización en todo el universo observable. Ha habido estudios que han optado por ese planteamiento, intentando determinar si realmente podría ser así. **Al movernos en un campo que tiene mucho de especulación, no se puede descartar que quepa la posibilidad de que seamos la única civilización del universo.** Si bien es cierto que parece extremadamente improbable que sea así.

También está el hecho de que el universo tiene 13 800 millones de años. Tiempo de sobra para que hayan existido otras civilizaciones en distintas regiones de la Vía Láctea y se hayan extinguido sin que lleguemos a saber nada de su presencia. Por otro lado, el universo es joven, a pesar de lo que pueda parecer por su edad. **Por lo que… ¿y si hemos llegado demasiado pronto?**

CAPÍTULO IX
LA VIDA
EN UN UNIVERSO JOVEN

Sabemos que el universo tiene unos 13 800 millones de años. Es decir, el espacio y el tiempo comenzaron a andar en aquel instante tan lejano. **Para entender si hemos llegado pronto o tarde, primero necesitamos analizar qué es lo que estamos viendo a nuestro alrededor.** Desde nuestra perspectiva, 13 800 millones de años es una cifra abrumadora. El universo es muy viejo, muchísimo más que cualquier ser humano. Mucho más que el Sistema Solar, que se formó hace unos 4500 millones de años.

Es complicado poner esas edades en perspectiva y entender la cantidad de tiempo que ha transcurrido desde la formación del universo. **Desde su nacimiento, el cosmos ha experimentado cambios muy profundos.** Muchos de ellos sucedieron en los primeros instantes de su existencia. Otros llegaron más tarde. Puede parecer lógico suponer que hemos llegado en un momento en el que el universo está en una fase madura. Ya se ha asentado, no va a cambiar significativamente en el futuro… ¿O sí?

Por extraño que pueda parecer, al enfrentarnos a una cifra tan grande, **lo cierto es que hemos llegado al universo en un momento en el que todavía es muy joven.** Tanto es así que, por ejemplo, **todavía no existen objetos como las enanas negras.** Se trata de un objeto hipotético, los restos de una vieja estrella que ya han radiado toda su energía al espacio. Es decir, los restos de una estrella que se han enfriado por completo. El paso anterior es el de las enanas blancas. El cadáver de estrellas como el Sol que, en una escala de tiempo enorme, se enfrían lentamente. **Las enanas blancas más viejas que podemos encontrar en el universo todavía están muy lejos de enfriarse por completo.** Es decir, simplemente no ha transcurrido el tiempo necesario para que puedan formarse enanas negras.

Lo mismo podemos aplicar a nuestra propia galaxia. **La Vía Láctea chocará con su vecina, Andrómeda, en unos 4500 millones de años** (curiosamente, también más o menos el momento en el que el Sol terminará su fase de secuencia principal, en la que transforma en helio el hidrógeno que acumuló durante su formación). En realidad, **nuestra galaxia ya está chocando con las galaxias enanas de su alrededor.** En algún momento dentro de entre 1000 y 4000 millones de años, habrá chocado con las Nubes de Magallanes, las dos galaxias enanas, satélites de la nuestra, más grandes. Por cierto, son muy fácilmente observables desde el hemisferio sur de nuestro planeta.

Si dejamos avanzar la cinta de la historia del universo hacia el futuro, nos encontramos con un panorama que resulta cada vez más desolador. Por ejemplo, **en unos 500 000 millones de años ya no habrá un Grupo Local.** Es el nombre que recibe el grupo de galaxias formado por la Vía Láctea, Andrómeda, la galaxia del Triángulo (las tres galaxias grandes del grupo) y toda una legión de galaxias enanas que son satélites de Andrómeda y la Vía Láctea. Cuando llegue ese momento, **todas las galaxias habrán terminado de colisionar para dar lugar a la aparición de una única galaxia muchísimo más grande que sus componentes.**

En un billón de años, se suele decir, una civilización que aparezca en ese momento, y que no tenga posibilidad alguna de reconstruir la historia del universo, será incapaz de deducir que tuvo un principio y que tendrá un fin. A menos, claro está, que pueda recuperar esa información gracias a alguna otra civilización que sobreviva hasta un futuro tan lejano. Para ellos, el cosmos será un lugar diferente al que conocemos. Parecerá inalterable.

El material disponible en el universo tiene un límite, es finito. Dicho de otra manera, tarde o temprano, **llegará un momento en el que dejarán de formarse estrellas.** Las últimas estrellas del cosmos se extinguirán en unos 100 billones de años. Es decir, **al universo le queda por delante muchísimo más tiempo del que ya ha transcurrido.** Esto nos lleva a algunas consideraciones que pueden resultar más o menos interesantes. Por ejemplo, en los últimos años se han publicado estudios que plantean que quizá el 95 % de las estrellas que existirán en la historia del universo ya se han formado.

Hay uno, en particular, que resulta muy intrigante. Se publicó en 2015 por los investigadores Peter Behroozi y Molly Peeples. **Expone que el 92 % de los planetas con masas similares a la de la Tierra todavía no han nacido.** Se formarán en el futuro, en lugares como las galaxias enanas que podemos observar en los alrededores de la Vía Láctea, así como en muchos otros lugares del universo.

Aunque podría parecer una mera anécdota, permite poner en contexto qué lugar ocupa la Tierra dentro del conjunto del universo. Si se analiza la historia de la formación de planetas rocosos en la vida del universo, resulta que la Tierra, y otros mundos similares que ya existen, se puede decir que ha llegado más pronto de lo que se esperaba. Esto no significa, sin embargo, que nuestro planeta sea raro. Hay multitud de mundos rocosos en la Vía Láctea. Muchos de ellos, además, estarán en la zona habitable de sus estrellas. Pero es interesante pensar que, en el futuro, mundos como el nuestro podrían ser bastante más abundantes.

Eso nos lleva, inequívocamente, a un escenario que parece muy atractivo para la aparición de la vida. A fin de cuentas, es obvio que cuantos más planetas aptos para la aparición de la vida haya, más oportunidades tendrá esta de aparecer. El hecho de que estemos aquí, por otro lado, demuestra que no es necesario esperar a ese futuro para que aparezca una civilización inteligente. Pero quizá sí para que sean mucho más abundantes.

Es decir, **¿es posible que seamos la primera civilización del universo? Lo más lógico es suponer que no,** gracias a algo que conocemos como principio de mediocridad y que, por irónico que pueda resultar, se aplica perfectamente al Sistema Solar.

Aunque no lo hemos mencionado directamente, hemos citado el principio de mediocridad en múltiples ocasiones a lo largo del libro. Lo hemos hecho cada vez que hemos dicho que no hay nada especial sobre este pequeño rincón del cosmos. Es completamente cierto. El Sol es una enana amarilla, como miles de millones de enanas amarillas de la galaxia (y de otras galaxias del cosmos). Los planetas del Sistema Solar no tienen nada especial, estamos compuestos por los elementos más comunes del universo, etcétera.

Del mismo modo, como ya hemos comentado en otras ocasiones, **si hay otras civilizaciones, parece lógico suponer que seremos del montón. Ni de las más primitivas, ni de las más avanzadas** (porque, de otro modo, seríamos especiales, y eso iría en contra de lo que establece el principio de mediocridad).

Esto nos lleva a una observación que, por otro lado, resulta inevitable. Todo el cosmos cumple con el principio de mediocridad. Es decir, las estrellas en su conjunto, sin importar cómo sean de masivas, están formadas por los mismos elementos, al igual que los planetas. Las únicas excepciones son las de entornos extremos, donde podemos encontrar materia en estado exótico. Además, por fuerza, **en algún lugar del universo, en algún momento, apareció la primera civilización de la historia.** Alguien tiene que estar en el principio, **del mismo modo que, en un futuro lejano, también debería haber una última civilización en la historia del cosmos.**

Si tenemos en cuenta que nuestro planeta tiene 4500 millones de años, y que la aparición de la vida compleja en la Tierra es muy reciente en la escala cósmica, hace solo unos cientos de millones de años, **no parece absurdo suponer que no somos la primera civilización.** A fin de cuentas, en este tiempo ha habido multitud de oportunidades, en torno a otras estrellas, para que haya surgido la vida y que esta pueda haber desembocado en la aparición de una civilización.

Podemos suponer, si lo deseamos, que como no hemos encontrado señal alguna de civilización avanzada, quizá se extinguieron mucho antes de que apareciese el ser humano. O que están ahí, en algún lugar, y nosotros todavía no hemos alcanzado el nivel de desarrollo tecnológico necesario para poder captar su presencia. En este escenario en particular, es más bien irrelevante. **Lo que intentamos entender es en qué momento de la película hemos llegado.**

¿Cuándo pudo aparecer la vida por primera vez en el universo? El Sistema Solar se formó cuando el universo tenía unos 9300 millones de años. Las primeras estrellas del universo, sin embargo, se pudieron formar tan solo 150 millones de años tras el Big Bang. En algunas estimaciones se habla que ocurrió incluso antes, apenas 50 o 100 millones de años después. Aquellas primeras estrellas estarían formadas únicamente por hidrógeno y helio (los elementos disponibles en el Big Bang, ya que el resto nacieron gracias a la llegada de las estrellas, que los forjaron en su interior).

En el estudio de los quásares, algunos de los objetos más lejanos que se pueden observar en el universo que vemos tal y como eran cuando tenía 1000 millones de años, hemos podido detectar grandes cantidades de carbono. Tanto como la cantidad que podemos encontrar en el Sistema Solar. El resto de los elementos necesarios ya estaban presentes en los primeros 1000 millones de años. **Por lo que se puede suponer que los primeros planetas rocosos podrían haberse formado cuando el universo tenía unos 500 millones de años.**

Es decir, mundos más o menos similares a la Tierra (en este caso no vamos a ponernos exquisitos, porque simplemente se busca entender cuándo pudieron aparecer los primeros planetas rocosos), podrían haber aparecido ya en la infancia del cosmos. **La vida necesita de una buena cantidad de carbono, por lo que se suele plantear que, seguramente, hasta los 1500 millones de años, el universo no tenía la concentración necesaria para su aparición.**

A partir de ese instante, en teoría, en algún lugar de aquel joven universo podrían haberse dado las condiciones necesarias, como en la Tierra, para que la vida echase a andar. No es, ni mucho menos, una garantía de que fuese así, pero permite entender que respecto a *cuándo pudo surgir la vida en el cosmos por primera vez*, no parece que hayamos llegado particularmente pronto. Pudo haber otras civilizaciones mucho antes de que apareciera la humanidad.

A esto podemos sumarle que, en realidad, **no está claro si es necesario que dispongamos de un planeta rocoso para que los bloques de la vida puedan surgir.** La panspermia, a fin de cuentas, plantea que los bloques de la vida llegaron gracias a los asteroides y cometas que impactaron en nuestro planeta hace miles de millones de años. Esta teoría, por tanto, lo que está planteando es que ese material podría existir en el espacio, sin necesidad de planeta alguno. Si bien sería necesario para permitir que aparezca la vida y se desarrolle.

Y esto nos lleva a una pregunta inevitable. **¿Cuántos mundos habitables hay en la Vía Láctea? Las estimaciones son muy variadas y las hay para todos los gustos.** Depende de dónde establezcamos los límites.

Por ejemplo, en un estudio publicado a finales de 2020 (titulado *The Occurrence of Rocky Habitable Zone Planets Around Solar-Like Stars from Kepler Data*) se establecen unos límites muy específicos. Generalmente, se suele recurrir a factores como planetas en la zona habitable de estrellas como el Sol. En términos muy ambiguos, sin importar si la estrella es más joven o vieja que la nuestra.

En este caso, no: los investigadores se centran concretamente en estrellas como el Sol, con el añadido de que sean coetáneas y posean una temperatura parecida. Es decir, cuántas estrellas, lo más parecidas posible a la nuestra, tienen planetas rocosos como la Tierra en su zona habitable. **La conclusión a la que han llegado es que deberían rondar los 300 millones. De esos, añaden, seguramente haya unos cuantos, a nuestro alrededor, a una distancia de menos de 30 años-luz.**

Es decir, lo suficientemente cerca para ser detectados y, con la ayuda de telescopios como James Webb, poder ser analizados a fondo, permitiéndonos entender si se parecen a nuestro planeta en mayor o menor medida. ¿Son muchos 300 millones de mundos potencialmente habitables? Es algo que queda a elección de cada cual, independientemente de lo que ya hemos expuesto en capítulos anteriores.

¿Y qué pasa si abrimos el abanico? En otro estudio publicado en 2020 (*Searching the Entirety of Kepler Data. II. Occurrence Rate Estimates for FGK Stars*) se hacía un cálculo mucho más generoso. **En él, se llegaba a la conclusión de que, aproximadamente, por cada cinco estrellas similares al Sol (sin importar su edad o temperatura), debería de haber un planeta similar a la Tierra.** En total, nos encontraríamos con aproximadamente 6000 millones de exoplanetas similares al nuestro. Es una cifra que, sin mucho más contexto, resulta tremendamente atractiva. Incluso con números realmente pequeños, nos encontramos con que la vida inteligente debería haber aparecido en algún otro lugar de la galaxia. Se antoja casi imposible, si lo vemos desde esa perspectiva, que nuestro mundo pudiese ser el único habitado.

El inconveniente es que hace falta tener en cuenta la zona habitable. Pero no la zona habitable a nivel estelar. Es decir, la franja alrededor de una estrella en la que un planeta podría tener agua líquida en su superficie. **En este caso hay que fijarse en otro concepto que se ha popularizado con el paso del tiempo, la zona habitable galáctica.** Porque no solo hay que tener en cuenta que no todas las estrellas son aptas para tener vida en los planetas que tengan en su entorno. En una galaxia encontramos regiones con condiciones muy diferentes, que también pueden impedir que una estrella, a pesar de reunir todos los requisitos, sea incapaz de albergar planetas habitables.

En primer lugar, por supuesto, necesitamos que el planeta esté en la zona habitable de su estrella. Después, **será necesario que se encuentre en una región de la galaxia donde no haya una cantidad de radiación muy energética (como rayos X o rayos gamma) demasiado elevada.**

¿Qué importancia podría tener si llega más energía o menos de un tipo en particular? Es muy importante recordar que, en la superficie de la Tierra, estamos protegidos de gran parte de la radiación. **Aquí no nos alcanzan los rayos X o los rayos gamma**, que son los más preocupantes. **Ambos son parte de lo que se conoce como radiación ionizante.** Radiación con tana energía que es capaz de arrancar electrones de la órbita de un átomo, provocando que se ionicen. De toda la radiación del espectro electromagnético, solo los rayos gamma, los rayos X y la parte más energética del espectro de rayos ultravioleta tienen la energía necesaria para ser ionizante. El resto del espectro ultravioleta, la luz visible, el espectro infrarrojo y el espectro de radio, son radiación no ionizante.

Solo la radiación ionizante es capaz de provocar problemas serios de salud. Hablamos desde daños graves (por muerte de las células afectadas), como podría ser cáncer o daños orgánicos, hasta el fallecimiento. **Por eso mismo también vale la pena recordar que es imposible que elementos como el wifi puedan causarnos daños.** Funciona en el espectro de radio, muy lejos de la cantidad de energía necesaria para ser radiación ionizante.

Así que una gran cantidad de radiación ionizante puede provocar que la vida lo tenga tremendamente complicado para desarrollarse. Es peligrosa incluso para las criaturas más sencillas, como los microbios. En definitiva, aquellos lugares con una gran cantidad de radiación no nos interesan porque la vida lo tendría demasiado complicado para avanzar.

Además, las interacciones gravitacionales también pueden provocar que un planeta sea incapaz de mantenerse en la zona habitable durante toda su órbita. Imaginemos el ejemplo de un cúmulo globular. Es una gigantesca agrupación de estrellas (algunas tienen varios millones de astros) en un espacio muy pequeño. La interacción con la gravedad de todas las estrellas a su alrededor puede provocar que el planeta tenga una órbita que sea poco estable. Por lo que, a pesar de que en teoría podría cumplir con las condiciones necesarias, en la práctica sería incapaz de desarrollar vida.

Por otro lado, tampoco podemos irnos al borde de la galaxia. Hace falta que haya una buena cantidad de metales. En astronomía, todo aquello que está más allá del hidrógeno y el helio, formados ambos durante el Big Bang, es un metal. Las regiones más cercanas al centro de la galaxia tendrán una mayor abundancia de metales. Las regiones en el borde, probablemente, no tengan el suficiente material para permitir que haya mundos habitables.

Al mismo tiempo, no podemos adentrarnos en el centro de la galaxia. La radiación allí es muy elevada (gracias a fenómenos como las supernovas) y la vida en esa región, en teoría, lo tendrá complicado para salir adelante.

Así, **podemos imaginar la Vía Láctea como un lugar con dos zonas no habitables (el exterior y el centro), además de una franja habitable** que, aproximadamente, cubriría toda la sección a media distancia de ambos puntos.

En términos muy generales, **es posible que esa franja sea la única región, de una galaxia, donde podamos esperar encontrar mundos habitables (y habitados).** El Sistema Solar se encuentra a unos 26 000 años-luz del centro de la galaxia, a medio camino tanto del centro como del borde de la Vía Láctea.

Sin embargo, hay que tener en cuenta que, en una galaxia espiral como la nuestra, no toda esa franja va a ser útil. **En los brazos espirales puede haber multitud de estrellas capaces de explotar en forma de supernovas al final de su vida, así como regiones de formación de estrellas, donde la radiación es también demasiado alta.** Solo el espacio entre brazos espirales podría ser seguro. Si fuese así, lo que se plantearía es que menos del 10 % de la Vía Láctea sería apto para que las estrellas, en esas regiones, pudiesen tener condiciones habitables.

¿Suena deprimente? Tranquilidad. Aún podemos hacer que sea peor. El espacio entre brazos espirales no es que sea especialmente concurrido. Hay pocas estrellas. La mayor parte están en los brazos y en el centro de la galaxia. Por lo que, aproximadamente, **se ha llegado a estimar que en ese caso solo un 1 % de las estrellas** sería capaz de ofrecer condiciones habitables a los mundos que tuviese a su alrededor. Pero, es necesario recordar que simplemente se trata de una hipótesis que busca determinar dónde podríamos hallar planetas habitados.

A eso hemos de sumar el hecho de que el Sistema Solar se encuentra en el brazo de Orión. Estamos en el interior de un pequeño brazo espiral de nuestra galaxia. Nuestra estrella tarda 250 millones de años en dar una vuelta alrededor del centro de la Vía Láctea (lo que se denomina año galáctico). Aproximadamente, cada 100 millones de años atravesamos uno de los brazos espirales. Por lo que, a lo largo de la historia de la Tierra, nuestro pequeño rincón de la galaxia se ha encontrado en multitud de ocasiones en el interior de lo que, en teoría, sería un lugar en el que la vida no podría echar a andar. Sin embargo, aquí estamos. Así que **puede que la zona habitable galáctica no sea tan estricta como se podría plantear.**

Todo esto nos obliga a tener en cuenta también nuestro entorno. No solo es importante que el planeta cumpla con una serie de requisitos. También es imprescindible que se sitúe alrededor de la estrella correcta y que, a su vez, esta se ubique a una distancia segura dentro de su galaxia.

Ahora podemos volver a la pregunta que planteábamos en el cierre del capítulo anterior. ¿Hemos llegado demasiado pronto? ¿Es posible que, sin ser la primera civilización del universo, simplemente hayamos aparecido cuando la vida todavía no era todo lo abundante que nos gustaría? Esto va a depender del prisma con el que lo queramos mirar. Podemos plantear escenarios muy positivos para la aparición de la vida, con un cosmos capaz de generar las condiciones necesarias tan solo 1500 millones de años después de su nacimiento.

Y también podemos plantear escenarios muy pesimistas, con multitud de restricciones acerca de qué tipo de estrella nos encontremos, o en qué región de la galaxia. Incluso si la vida llegó a aparecer lo suficientemente rápido en un planeta como para que su entorno pudiese ser estable y, al no conseguirlo, simplemente desapareció y ese mundo perdió la posibilidad de albergar vida.

Por si no fuese suficiente, **también debemos tener en cuenta las limitaciones a las que nos enfrentamos dentro del universo.** Es decir, podemos imaginar tecnología tremendamente avanzada, pero hay aspectos que todavía no están bien entendidos. Sin ir más lejos, el viaje interestelar, del que hablaremos largo y tendido en el próximo capítulo, es una de las mayores incógnitas a la que nos podemos enfrentar. **Si el tiempo de viaje entre estrellas, incluso para una civilización avanzada, es muy largo, la posibilidad de imaginar una civilización interesada en expandirse a otros lugares de la galaxia desaparece por completo.**

No es descabellado pensar que, en ese contexto, se contentarán con tener presencia en algunas estrellas para minimizar las posibilidades de que un evento catastrófico ponga fin a su existencia. Tampoco podemos olvidar si tiene sentido que una civilización se expanda por otros lugares de una galaxia de forma indiscriminada. A fin de cuentas, llegará un momento en el que ya no nos encontraremos ante una civilización, sino una amalgama de civilizaciones originadas a partir de la primera.

Supongamos, por un momento, que realmente es imposible, o por lo menos muy poco práctico, viajar más allá de nuestra estrella. No hay ningún mundo habitable en decenas de años-luz a la redonda (como suposición en este caso) y, por tanto, una civilización se ve obligada a aguantar en su propio sistema tanto tiempo como sea posible. En una escala de miles de millones de años, incluso, podemos imaginar una civilización muy avanzada. **Lo que no podemos imaginar, de ninguna manera, es una civilización que sea capaz de romper las leyes de la física, porque estaría rompiendo el universo.** Literalmente.

Esos mismos límites pueden hacer completamente irrelevante la cuestión de si hemos llegado demasiado pronto o no. **Puede que la mayoría de las civilizaciones se vean condenadas a estar aisladas casi por completo,** porque, en un momento dado de la historia de una galaxia, apenas hay civilizaciones que convivan a la vez. Si fuese así, la mayoría de las civilizaciones perdurarían en la galaxia durante unos cuantos millones o miles de millones de años, sin llegar a establecer contacto con otras civilizaciones porque sería imposible alcanzarlas. Se encontrarían en el extremo opuesto de la galaxia, a decenas de miles de años-luz, sin un medio razonable de viaje. No hay que olvidar que, pese a su popularidad, está por ver si realmente es posible, en la práctica, por ejemplo, crear un agujero de gusano. **La teoría y la práctica no siempre van de la mano.**

¿Y si en realidad estamos dejando que nuestra propia imaginación nos lleve a plantear escenarios que no son posibles? ¿Cómo podríamos sobrevivir, como especie, si estamos condenados a permanecer en el Sistema Solar porque no haya mundo habitable alguno en decenas de años-luz? ¿Cómo nos diferenciaremos cuando, por ejemplo, habitemos Marte de forma permanente, con millones de seres humanos viviendo en ese entorno? Son preguntas que nos llevan a escenarios que nos hacen entender que, en realidad, el concepto de civilización también puede ser muy relativo…

CAPÍTULO X
UNA CIVILIZACIÓN
DE CIVILIZACIONES

Hemos mencionado en un par de ocasiones, a lo largo de esta obra, que es posible que el viaje interestelar no sea posible. O, por lo menos, no de la forma en que nos gustaría imaginar gracias a la ciencia ficción. ¿Quién no ha soñado alguna vez con viajar a bordo del Halcón Milenario a través del hiperespacio? ¿O de formar parte de alguna de las tripulaciones de la nave Enterprise de *Star Trek* cuando esta entra en curvatura para viajar muchísimo más rápido que la luz y llegar a otras estrellas en varias horas o días?

Sabemos que ambos son recursos que persiguen una misma meta: plantear una historia que pueda desarrollarse de una manera que podemos considerar plausible sin saltarnos del todo las leyes de la física. Como sabemos que es imposible viajar más rápido que la velocidad de la luz, ambas abordan sus propias soluciones para conseguirlo. En el mundo real, sin embargo, no tenemos ese privilegio. No nos queda más remedio que pensar qué podemos hacer para alcanzar esas velocidades. **Es posible que algún día se descubra qué tipo de energía exótica podría permitir mantener un agujero de gusano abierto.** Una pregunta, completamente diferente, será cómo obtener la energía necesaria para mantenerlo abierto.

Lo mismo podemos decir del motor de curvatura de Alcubierre. **Quizá algún día se encuentre la forma de hacer que la nave viaje dentro de una burbuja de espacio-tiempo,** de forma que nunca se supere la velocidad de la luz. Pero, hoy por hoy, esta teoría permanece firmemente anclada en el mundo de la ciencia ficción, más allá de lo que nuestra tecnología y conocimiento permite convertir en una realidad. El hecho de que nuestra tecnología no haya madurado lo suficiente no es un impedimento para entender que tenemos por delante un obstáculo que es mucho más duro de lo que podría parecer.

¿Podemos viajar a velocidades razonables para pensar en colonizar otras estrellas? El panorama, en estos momentos, es más bien pesimista. Pero no porque nuestra tecnología no pueda llegar a ello, ni porque haya algo que indique que es imposible que se pueda conseguir. **Desde el punto de vista teórico, nada nos dice que no podamos viajar a velocidades cercanas a la de la luz.** En la cuestión práctica, sin embargo, ni siquiera nuestras naves más rápidas viajan al 1 % de la velocidad de la luz. Técnicamente, ya tenemos naves interestelares. No han viajado muy lejos y tampoco van a ser tremendamente útiles en el futuro.

Como ya se ha dicho, las naves más alejadas de la Tierra son las sondas Voyager 1 y 2. Lanzada el 5 de septiembre de 1977, Voyager 1 se encuentra, aproximadamente, a 22 700 millones de kilómetros de la Tierra, lo que supone unas 150 veces la distancia media que separa a nuestro planeta del Sol. En el caso de Voyager 2, lanzada el 20 de agosto del mismo año, está a 18 800 millones de kilómetros. Es decir, a 125 UA (unidades astronómicas). Una unidad astronómica es, precisamente, la distancia media entre la Tierra y el Sol. Están muchísimo más lejos que los casi 6000 millones de kilómetros que separan a Plutón de nuestra estrella.

Desde el punto de vista de la influencia del viento solar, podemos decir que las sondas Voyager ya han abandonado el Sistema Solar. Están más allá de la heliosfera, la enorme burbuja que rodea a nuestro astro, y en cuyo interior se encuentran todos los planetas. Desde el punto de vista gravitacional, sin embargo, las sondas todavía tienen un largo camino por recorrer. A fin de cuentas, se calcula que tardarán unos 300 años en llegar a la Nube de Oort, el borde interior de la región más lejana del Sistema Solar. Después, necesitarán unos 30 000 años para atravesarla.

A partir de ahí, ambas naves proseguirán su viaje, orbitando al centro de la Vía Láctea y acercándose, en una escala de tiempo de miles, millones y miles de millones de años, a otras estrellas. No viajarán especialmente rápido, a unos pocos miles de kilómetros por hora, pero recorrerán la galaxia.

Realmente, lo harán como amasijos de metal sin utilidad alguna. Sus fuentes de energía, pequeños generadores nucleares, se habrán agotado muchísimo antes, en apenas unos pocos años más. Tras eso, las naves permanecerán silenciosas, vagando por la galaxia con una posibilidad ínfima de ser detectadas por alguna civilización, si es que la hubiese.

Con esos plazos, es poco viable pensar en el viaje interestelar. Ya no para establecer una colonia en torno a otra estrella, sino incluso para estudiar otras estrellas. Por eso, desde hace unos años se viene trabajando en el proyecto Breakthrough Starshot. Es una interesante iniciativa que tiene como objetivo enviar naves, viajando al 20 % de la velocidad de la luz, a Alfa Centauri, el sistema estelar más cercano, a 4,3 años-luz del Sistema Solar.

Las sondas Voyager no se dirigen hacia allí, pero tardarían decenas de miles de años en alcanzar su objetivo si fuese así. **Breakthrough Starshot podría conseguirlo en tan solo 20 años.** Después, sería necesario esperar otros 4 años para recibir los datos de las observaciones que lleven a cabo. Son plazos considerables, desde luego, pero perfectamente asumibles para que una persona comience una investigación y tenga la oportunidad, en el curso de su vida, de terminarla. ¿Cuándo podríamos ver esta iniciativa en marcha? Todavía no tiene un plazo establecido. Sucederá en algún momento de las próximas décadas, pero el cuándo y cómo está todavía en el aire, a pesar de que los mecanismos y requisitos para ello ya están establecidos (si bien es necesario desarrollarlos).

Para impulsar algo a un porcentaje cercano a la velocidad de la luz, hace falta una cantidad de energía descomunal. Esa energía podría ir en la propia nave. Sin embargo, el combustible necesario haría que el lanzamiento fuese más costoso y, por supuesto, habría que plantear de qué forma se debería diseñar el cohete (y la propia nave) para poder hacerlo. La otra opción, que persigue Breakthrough Starshot, es utilizar una fuente de energía externa. Concretamente, el impulso de un láser tremendamente potente que empuje, por medio de la radiación, la enorme vela solar que usarán estas diminutas naves, y así alcanzar velocidades de vértigo.

Para llegar a esas velocidades hace falta una cantidad de energía desmesuradamente grande. Hablamos de algo como 100 gigavatios, comparable a la energía que podrían generar todas las plantas nucleares de Estados Unidos conjuntamente. Ese láser apuntaría a una vela solar, una gigantesca lámina reflectante, para generar el impulso. No sirve un diseño cualquiera, tiene que reflejar toda la luz, o prácticamente toda. Si no es así, ese impulso se convierte en calor, y el calor funde la vela solar, dejando nuestra nave varada en el espacio.

Una nave que, además, será microscópica, porque no puede pesar más de un gramo. Todavía está en fase de diseño, pero ya se han visto algunas ideas sobre cómo podría ser la oblea (una pequeña placa electrónica) que lleve todo lo necesario. Una fuente de energía para operar sus instrumentos, una cámara, un ordenador, una antena para comunicaciones, la vela solar… En definitiva, tiene que ser un diseño compacto con espacio para muchas utilidades.

Todavía no se tiene la capacidad de desarrollar un láser así, ni se ha decidido dónde debería instalarse, pero es cierto que con el paso de las décadas estará dentro de nuestra capacidad. Por tanto, lo que plantea Breakthrough Starshot no es descabellado. ¿Muy complicado? Desde luego. ¿Imposible? En absoluto.

El inconveniente es que estamos hablando de una nave microscópica. Algo que no nos va a servir para una misión tripulada (aunque el hecho de poder estudiar otras estrellas de cerca resulta muy atractivo e interesante). **Una nave más grande conlleva, lógicamente, bastante más energía para obtener el mismo efecto.** Breakthrough Starshot está todavía a décadas de convertirse en una realidad. Una nave interestelar tripulada es, en todos los sentidos, una misión imposible en estos momentos.

Hay dos maneras de abordarla. Por un lado, una nave que viaje durante miles de años hacia una estrella cercana, para poder estudiarla. En ese caso, necesitamos encontrar una fuente de energía que sea capaz de funcionar durante todo ese tiempo. Una nave que llega a su objetivo sin capacidad de utilizar sus instrumentos carece de utilidad. Además de eso, habría que mantener la tecnología de la época en algún lugar. Lógicamente, el ser humano seguiría avanzando tecnológicamente y, para cuando llegase a su destino, la misión estaría técnicamente obsoleta. Además, ¿tendría sentido plantear unos posibles objetivos y esperar que sigan siendo relevantes, o incluso válidos, miles de años en el futuro? Parece poco probable.

Si pensamos en el caso de una misión tripulada, es evidente que aquella con un valor puramente científico, de miles de años de duración, no tiene sentido. Tendría que ser una misión de colonización, para establecer una presencia permanente más allá de nuestra estrella. En ese caso, un viaje de miles de años nos obligaría a plantear lo que popularmente se conoce como **una nave generacional**. Una nave que sea capaz de albergar a generaciones enteras de seres humanos, que nacerán, vivirán y morirán en su interior, hasta que la futura colonia alcance su nuevo hogar.

El primer paso, evidentemente, sería identificar un mundo habitable para el ser humano. Algo que por ahora no ha sucedido. El segundo, encontrar a hombres y mujeres dispuestos a embarcarse en una misión que no verán completarse, y en la que sus hijos, nietos, bisnietos… morirán también sin llegar a verla completada. Intentar hablar de las implicaciones que tendría a nivel psicológico, para ese grupo de individuos, es seguramente una cuestión inabordable. ¿Estaríamos preparados cualquiera de nosotros para embarcar a nuestra familia futura en un viaje en el que lo único que conocerán será el interior de una nave?

Pero lo cierto es que tan solo debemos centrarnos en nuestra fisiología. ¿Es posible para nuestro cuerpo soportar un viaje a velocidades cercanas a la de la luz? **De momento, el récord de velocidad alcanzado por un ser humano corresponde a la tripulación de la misión Apolo 10, cuando su nave alcanzó los 39 897 km/h en el viaje de regreso desde la Luna.** Desde el punto de vista de la velocidad, exclusivamente hablando, podemos viajar a cualquier velocidad, siempre y cuando sea constante, en línea recta, y esté por debajo de la velocidad de la luz. La aceleración tendrá que ser muy suave, así como la deceleración, porque no se nos da demasiado bien aguantar cambios de velocidad muy bruscos. Con el suficiente cuidado y una fuente de energía eficiente y mucho más potente que el combustible que se usa actualmente, alcanzar velocidades cercanas a la de la luz es posible.

Sin embargo, **viajando a una velocidad de millones de kilómetros por hora nos encontramos con un escenario muy agresivo para los seres humanos.** A esas velocidades, cualquier cosa en el espacio, incluso un simple átomo de hidrógeno, es como una bala. Es decir, esa nave se vería bombardeada constantemente por radiación. En ello trabajaron los investigadores William y Arthur Edelstein (padre e hijo, por cierto) en 2012, en un estudio en el que hablaban sobre las consecuencias del viaje a velocidades cercanas a la de la luz (titulado *Speed kills: Highly relativistic spaceflight would be fatal for passengers and instruments*).

En él, explicaban que la radiación de ese hidrógeno, al chocar con la nave, afectaría tanto a la nave como a la tripulación. **A una velocidad del 95 % de la luz, la exposición a esa radiación sería letal de forma casi instantánea.** La nave se calentaría hasta temperaturas tan elevadas que derretirían cualquier material conocido. Además, para terminar de hacer el escenario aún más idílico, el agua en nuestros cuerpos se evaporaría. Dicho de otro modo, parece que la idea de subirnos a una nave y viajar a Próxima Centauri, para llegar allí en poco más de 5 años, por ejemplo, queda completamente descartada.

De hecho, **los investigadores llegaban a la conclusión de que, salvo que se pudiese crear algún tipo de protección magnética capaz de desviar esa radiación, una nave no podría sobrepasar el 50 % de la velocidad de la luz.** No es lo ideal, pero tampoco es terrible. El viaje a Próxima Centauri, a 4,24 años-luz, nos llevaría algo más de 8 años. Esto es asumible para una persona en el curso de su vida. Sin embargo, limita enormemente nuestro campo de movimiento, confinándonos al entorno cercano en nuestra galaxia. Por ejemplo, un viaje a la estrella TRAPPIST-1, a 39,5 años-luz, ya se convierte en un viaje de 80 años. Poco apetecible para un ser humano que quiera viajar a otras estrellas. Útil, eso sí, si lo que se busca es establecer una colonia permanente en algún otro lugar en el curso de una sola generación (si nuestra longevidad aumenta lo suficiente).

Aun así, nos movemos en un campo teórico. Es decir, es posible que el ser humano pueda viajar al 50 % de la velocidad de la luz y sobrevivir al viaje sin grandes inconvenientes. Pero... ¿y la energía necesaria para alcanzar esas velocidades? ¿Es práctico? ¿Es económicamente viable? Son preguntas mucho más complejas que nos recuerdan que vivimos en un mundo que es cualquier cosa menos sencillo. A fin de cuentas, los proyectos no se pagan solos.

Esto mismo lo podemos extender al resto de civilizaciones que podemos imaginar en el universo, porque sabemos que las mismas leyes de la naturaleza se aplican en todos los rincones del cosmos. Es decir, **no parece probable que haya alienígenas viajando por ahí al 95 % de la velocidad de la luz.** Pero bien podrían estar haciéndolo a velocidades inferiores, aunque lo suficientemente rápidas como para pensar en la colonización de otros lugares..., siempre y cuando haya algún mundo habitable lo suficientemente cerca (o tengan la tecnología necesaria para terraformarlo, es decir, convertirlo en un planeta adecuado a sus necesidades).

Pero... ¿y si incluso esas velocidades más asequibles están fuera de nuestro alcance por la cantidad de energía necesaria? **El campo de acción, en ese caso, se reduce a nuestro propio sistema estelar.** Hemos de preguntarnos, incluso, si realmente tiene sentido pensar en colonizar mundos en torno a otras estrellas cuando el astro vivirá durante miles de millones de años (en el caso de estrellas como el Sol) o incluso billones de años (en el caso de las enanas rojas). Especialmente si añadimos en la ecuación el hecho de que no parece haber forma alguna de transmitir información más rápido que a la velocidad de la luz.

Es decir, imaginemos que tuviésemos una colonia en Próxima b, el exoplaneta más cercano al Sistema Solar, que se encuentra alrededor de Próxima Centauri. **Cualquier comunicación con esa colonia se realizaría a la velocidad de la luz, enviando y recibiendo mensajes constantemente.** Una noticia importante tardaría años en llegar a su destino. En el origen, para ese entonces, ya estaría más que resuelta. En el destino, del mismo modo, solo serviría como pieza informativa, ya que no podríamos reaccionar a tiempo. Pero, aun así, ambos lugares mantienen la comunicación porque son parte de la misma civilización. Al menos durante un tiempo…

En realidad, ni siquiera necesitamos abandonar el Sistema Solar para pensar en un escenario similar. En el horizonte lejano, en algún momento del futuro, quizá en los próximos siglos, **uno de los grandes anhelos de la humanidad es tener una presencia permanente en lugares como Marte.** Es fácil imaginar cómo evolucionarán las cosas en el futuro, partiendo de la base que tenemos en el presente: nuestra tecnología es limitada.

Los primeros habitantes de Marte vivirán, sin duda, en un entorno hostil. El planeta rojo no ofrece las condiciones necesarias para ser habitado por el ser humano. Será obligatorio refugiarse en una colonia, que bien podría estar bajo tierra, en un tubo de lava quizá, o bien bajo una enorme cúpula que permita que una zona, lo suficientemente grande, contenga las condiciones necesarias para ser habitable. Durante los primeros años, seguramente haya muchas comunicaciones con la Tierra. La velocidad de la luz será un problema en algunos momentos. **En los mejores casos, cuando ambos planetas estén cerca, las comunicaciones solo sufrirán un retraso de tres minutos. En el extremo opuesto, sin embargo, será de 22 minutos.**

Con el paso del tiempo, se producirá el nacimiento de una sociedad marciana. Seres humanos, como nosotros mismos, pero con preocupaciones muy diferentes. ¿Es relevante en Marte que, en Francia, por ejemplo, haya una sequía acuciante? ¿O que en Argentina uno u otro político haya ascendido al poder? No afectará de ninguna manera a los habitantes del planeta rojo. **Sus preocupaciones serán otras.** Quizá prepararse para la próxima tormenta de arena, que podrá dejarles incomunicados durante varios meses. O planificar cómo expandir la colonia porque se han quedado sin suficiente espacio. O cualquier otra situación similar que queramos imaginar.

Poco a poco, esa sociedad tendrá sus propias preocupaciones y su propia vida. Su propia actualidad, de hecho. Si avanzamos lo suficiente en el tiempo, descubrimos que, en realidad, **llegará un momento en el que ambas sociedades tendrán algunos nexos comunes** (mismo idioma, mismo origen, etcétera), **pero cada vez más divergencias.** En la Tierra, la supervivencia del ser humano no será un motivo de preocupación (salvo por amenazas como el calentamiento global, que, en cualquier caso, tendrían que estar ya solucionadas). En Marte, lo será constantemente, porque el entorno seguirá siendo hostil. Estará muy presente, en todo momento, la necesidad de mantener los sistemas de soporte vital en funcionamiento. Cualquier imprevisto y, simplemente, todos los habitantes de la colonia morirían. En la Tierra se celebrará la llegada de la primavera, por ejemplo. En Marte no tendrá ningún efecto significativo. La atmósfera seguirá siendo irrespirable, las temperaturas en el exterior de la colonia se desplomarán cada noche. No solo eso, la llegada de las estaciones marcianas no tendrá ningún valor para los habitantes de la Tierra.

Con el tiempo, llegará un momento en el que cada uno seguirá su propia actualidad, sus propias noticias, sus propias preocupaciones... Incluso tendrán sus propias aspiraciones y perseguirán objetivos diferentes. Quizá busquen asentarse en su planeta y expandir su presencia todo lo posible, mientras que la población de la Tierra, alejada de esas preocupaciones, se embarca en la exploración y colonización de otros lugares del Sistema Solar. ¿Una colonia en Ceres? Por qué no. ¿Una colonia en Calisto? Nada lo impide.

Si nos dejamos llevar por una escala de tiempo lo suficientemente grande (miles de años), de repente nos encontramos con un Sistema Solar muy diferente al que conocemos. La comunicación entre todas esas colonias sería compleja y lenta, porque la velocidad de la luz, en este campo en particular, resulta frustrantemente lenta. Cada una de esas colonias será, efectivamente, una civilización por sí misma.

Dicho de otro modo, **con el paso del tiempo, el ser humano se convertirá en una civilización de civilizaciones.** Sociedades con preocupaciones y aspiraciones muy diferentes. Lo más irónico de todo esto es que, en realidad, puede que sea una consecuencia totalmente inevitable. Si queremos asegurar nuestra supervivencia como especie, debemos tener presencia permanente más allá de la Tierra, para evitar que seamos extinguidos por causa del impacto de un gran cometa, por poner un ejemplo.

Pero, al establecer una colonia permanente en otro lugar (salvo en la Luna, que por su cercanía a la Tierra esas diferencias serían mínimas), se estará estableciendo la semilla que dé nacimiento a otras civilizaciones. Todas compartirán un mismo origen. **Todas serán civilizaciones de seres humanos. Sin embargo, todas tendrán sus pequeñas y grandes diferencias.** Quizá, incluso llegue a surgir el conflicto de intereses entre unos y otros. Es algo que, por cierto, se explora de manera brillante, y muy interesante, en *The Expanse*. Una saga de libros (llevada también a televisión) que nos enfrenta a un Sistema Solar con diferentes colonias. **Cuando imaginamos el futuro, y pensamos en el ser humano colonizando otras estrellas, solemos olvidar este aspecto.**

Además, cabe tener en cuenta que con el conocimiento del que disponemos en la actualidad, **no hay ningún método**

que permita transmitir información más rápido que la velocidad de la luz. Ni siquiera el entrelazamiento cuántico, que tan popular es en algunos círculos, ya que dos partículas entrelazadas no pueden manipularse de esa manera para transmitir un mensaje. Es decir, podemos olvidarnos de una civilización humana que abarque miles de años-luz, como si se tratase de un imperio interestelar, con una comunicación fluida, persiguiendo los mismos objetivos y formando parte de una gran familia. **Esto mismo podemos extenderlo a otras civilizaciones que podamos imaginar en otros lugares de la galaxia. Si tienen presencia en lugares más allá de su planeta natal, probablemente sean una civilización de civilizaciones.**

Quizá esta sea la mejor forma de imaginar la presencia de vida avanzada en otros lugares de la galaxia. Como una amalgama de civilizaciones procedentes de un puñado de civilizaciones originales. Con algunos nexos comunes, pero muchas diferencias por la incapacidad de mantener una comunicación fluida y por preocupaciones distintas. Si nos dejamos llevar todavía más, podemos imaginar un momento en el que incluso se pierda la capacidad de comunicarse con esas otras civilizaciones, como se planteaba en un estudio publicado en abril de 2020 por los investigadores Andrew McKenzie y Jeffrey Punske (titulado *Language Development During Interstellar Travel*), en el que analizaban cómo cambiaría el idioma durante un viaje espacial.

En su caso, se centran en una nave generacional que, durante unos cuantos siglos, viaja rumbo a una colonia en alguna estrella cercana, como Próxima Centauri. Explican que, **con el paso del tiempo, el idioma cambia.** Ellos se centran en el inglés, naturalmente, pero es algo con lo que cualquier persona está familiarizada en su idioma natal. Sabemos que, **si intentásemos comunicarnos con Cervantes, descubriríamos que es mucho más complicado de lo que pensábamos. El castellano ha cambiado mucho en cuatrocientos años.**

La sociedad que viaje en esa nave generacional tendrá sus propias preocupaciones, de la misma manera que un asentamiento alejado de la Tierra. Como en el caso de Marte, en esa nave (o en esa colonia, porque lo podemos extrapolar) aparecerá vocabulario propio para describir situaciones que no conocemos. En esa nave se creará una sociedad propia, con una visión del mundo única, producto de una experiencia muy específica, la de la vida confinados entre las paredes de una nave. La población de la Tierra, salvo que establezca contacto con ellos, jamás descubrirá esa forma de hablar evolucionada.

No solo eso, a medida que la nave viaja rumbo a su nuevo destino, las razones para comunicarse con el planeta natal se irán desvaneciendo con la distancia (salvo para notificar el transcurso de vez en cuando). Mientras tanto, los idiomas de la Tierra, igual que ha pasado a lo largo de nuestra historia, seguirán evolucionando. Se crearán nuevas palabras y desaparecerán otras. Los investigadores añaden, además, que en el caso que ellos plantean, la colonia a la que viajan también tendrá su propio vocabulario. La tripulación de la nave, en un momento dado, se verá completamente aislada si no hace algo por evitarlo. El lenguaje de la Tierra, con el paso de los años, cambiará hasta hacer la comunicación tremendamente compleja. El lenguaje de la nueva colonia, del mismo modo, habrá seguido su propia evolución. Al llegar a su nuevo destino, con su propia evolución lingüística, podrían verse completamente aislados hasta aprender el nuevo idioma.

En este caso, el estudio que presentan busca explicar que, desde su punto de vista, un lingüista podría ser tremendamente útil en esas situaciones. Alguien que pueda documentar esos cambios, que pueda intentar mantener una comunicación fluida (dentro de lo que permita la velocidad de transmisión de la información) con ambos destinos, y un largo etcétera. Podríamos aplicarlo sin dificultades en las colonias, a medida que siguen sus propios caminos...

Es algo que también nos permite entender que la ciencia ficción a veces sugiere atajos que resultan muy útiles. Por ejemplo, en pocas ocasiones veremos cómo nuestros protagonistas llegan a planetas con una gravedad diferente a la suya. De hecho, rara vez se menciona, para evitar tener que entender cómo se podría ver afectado el cuerpo humano por esos cambios. Del mismo modo, siempre existe un idioma universal que, casualmente, todos conocen y con el que se comunican sin ningún tipo de inconveniente. Ya no entre diferentes sociedades de una misma civilización, sino entre civilizaciones completamente diferentes. **Todo esto puede hacer, en el fondo, que veamos la expansión del ser**

humano a otros lugares como algo menos romántico de lo que habríamos imaginado...

Pero, para bien o para mal, nuestra especie está embarcada en la búsqueda de conocimiento. Queremos aprender más y conocer cada vez mejor el lugar en el que vivimos. En las últimas décadas ha habido misiones para encontrar vida extraterrestre desde diferentes ángulos. Ninguna ha dado resultados definitivos, o este libro tendría un tono y contenido muy diferente. Pero todas ellas están sembrando las semillas de lo que está por llegar...

CAPÍTULO XI
UNA LUZ
EN LA OSCURIDAD

Es evidente que podemos entrar en un terreno tremendamente especulativo cuando hablamos de cómo podrían ser otras civilizaciones. A fin de cuentas, no deja de ser un intento por determinar cómo podrían comunicarse y comportarse otras criaturas inteligentes cuando ni siquiera nos conocemos a nosotros mismos. **Puede que todas las civilizaciones estén condenadas a la extinción y que, simplemente, no seamos capaces de aceptarlo.** O que, sencillamente, sean tan diferentes a nosotros que cualquier conclusión que alcancemos, en base a nuestra propia experiencia, sea incorrecta por no aplicarse en su caso.

De lo que podemos estar seguros es de que, como nosotros, tendrán algún sistema de comunicación. Es algo que es común en las criaturas complejas. También es lógico suponer que tiene que ser algo que se pueda detectar en el espectro electromagnético. Una señal de radio, por ejemplo. No resulta lógico pensar que haya una civilización capaz de comunicarse entre sí sin enviar ni una sola señal. Por lo que, en ese sentido, bastaría con tener un receptor, apuntando en la dirección correcta, para recibir lo que podría ser una señal de actividad inteligente extraterrestre.

Por ello, **a lo largo de las décadas han surgido diferentes proyectos que han intentado observar grandes regiones del firmamento en busca de señales que pudiesen tener algún tipo de relación con vida inteligente extraterrestre.** Una de las más recientes, y sin duda ambiciosas, es Breakthrough Listen. Forma parte de un conjunto de proyectos llamado Breakthrough Initiatives que contempla diferentes objetivos, como Breakthrough Starshot, del que hemos hablado anteriormente.

Breakthrough Listen se presentó el 20 de julio de 2015. Con un presupuesto de 100 millones de dólares, su objetivo es buscar señales de vida inteligente extraterrestre con la ayuda de radiotelescopios como el Observatorio Green Bank y el Telescopio Parkes, así como observaciones en el espectro de luz visible con el telescopio Automated Planet Finder. Las observaciones se prolongarán hasta 2026 (si no hay modificaciones) y se busca analizar el millón de estrellas más cercanas al Sol, así como el centro de cien galaxias cercanas. Todos los datos generados por el proyecto están disponibles para el público y hay actualizaciones de forma regular.

Es particularmente interesante porque pretende generar la mayor cantidad de datos que cualquier otra misión de

búsqueda de vida extraterrestre haya logrado, analizando una gran región del firmamento y mucho más rápido que sus antecesores. En este tiempo, ha recogido una ingente cantidad de datos. **No se ha encontrado ninguna señal, al menos por ahora, que haga pensar que hay civilizaciones en nuestro entorno.** Sin embargo, los datos de Breakthrough Listen tienen más usos de lo que podría parecer. En verano de 2020, por ejemplo, publicaron el catálogo Exotica, que contiene observaciones de todo tipo. Se diferencia de los catálogos que han publicado hasta el momento al incluir objetos y entornos extraños. Es decir, lugares en los que, al menos en teoría, no se esperaría que hubiese ningún tipo de vida.

Así, recopila 700 objetivos cubriendo una gama muy amplia de los objetos celestes que podemos encontrar en el universo. Desde cometas a galaxias, de los fenómenos más cotidianos a los más extremos del universo. El razonamiento, explicaron, es de lo más sencillo: ¿Y si estuviésemos buscando vida inteligente extraterrestre en lugares demasiado parecidos a la Tierra? Es posible que haya que incluir también el extremo opuesto.

Por ello, el catálogo incluye cuatro categorías: prototipos, superlativos, anomalías y una muestra de control. En los prototipos se incluye al menos un objeto de cada tipo, considerado realista y que podría ser un objetivo valioso en la observación en busca de vida extraterrestre. Es decir, planetas y satélites, en torno a estrellas de todas las edades, así como cúmulos estelares y galaxias. Los superlativos incluyen objetos de récord. El púlsar más rápido, el exoplaneta más caliente, la galaxia más densa… En anomalías se incluyen objetos que, por un motivo u otro, han resultado desconcertantes, como podría ser el caso de Oumuamua, por ser el primer objeto interestelar detectado en el Sistema Solar (y tener características que no encajan perfectamente con las de un cometa) o la estrella de Tabby y su extraño comportamiento, o estrellas con un exceso de radiación infrarroja (que podría indicar que a su alrededor tienen una esfera de Dyson). En la categoría de muestra de control se incluyen, únicamente, objetos que no deberían dar ningún tipo de resultado positivo. Lugares absolutamente incompatibles con la vida.

El principal objetivo de este catálogo es ayudar a entender mejor en qué entornos podría aparecer una civilización, así como comprender por qué no se ha encontrado nada por ahora. Al enfrentarnos a un abanico mucho más grande que el habitual, puede que sea posible determinar mejor cómo es la zona habitable en torno a cada tipo de estrella. O quizá descubrir que lo que parecía una señal natural es, en realidad, artificial. O al revés, como ya sucedió en el descubrimiento del primer púlsar, algo de lo que ya hemos hablado anteriormente.

Lo que sucedió fue lo contrario. Resultó tratarse de las señales emitidas, de forma natural, por uno de los objetos más extremos del universo. En este sentido, **el catálogo Exotica nos permite también poner en perspectiva cómo ha evolucionado la astronomía en los últimos años.** Hay búsquedas, como la de Breakthrough Listen, que recogen una cantidad de información ingente que puede valer para diferentes campos de investigación. Pueden servir para realizar estudios sobre las estrellas de neutrones, o sobre las galaxias lejanas (solo por mencionar un par de ejemplos al azar de cómo se pueden utilizar los datos de algunas investigaciones con otros fines), además de usarse para la búsqueda de vida inteligente.

Lo mismo es aplicable a la sonda Gaia. Lanzada en 2013, tiene como objetivo crear el mapa en tres dimensiones más grande de la Vía Láctea. Una vez que se finalice, contendrá observaciones de más de 1000 millones de objetos. Principalmente serán estrellas, pero también de cometas, planetas, asteroides y quásares. Su cometido principal es expandir el conocimiento de la astrofísica de nuestro entorno. Descubrirá, a lo largo de su misión, miles de exoplanetas del tamaño de Júpiter, decenas de miles de asteroides y cometas en el Sistema Solar, cientos de miles de quásares, en el universo lejano... Todo ello al margen de la búsqueda de vida extraterrestre. Sin embargo, **se trata de un catálogo tan amplio (y completo) que sus datos también pueden usarse perfectamente en otros campos de la astronomía.**

Un ejemplo de ello es un estudio publicado en septiembre de 2020, que nos permite entender cómo se pueden aunar dos campos que, desde el exterior, podrían parecer totalmente separados. El estudio, titulado *Extending the Breakthrough Listen nearby star survey to other stellar objects in the field,* de los investigadores B. Wlodarczyk-Sroka, M. Garrett y A. Siemion, es interesante, en este contexto, por cómo se usaron los datos. Partieron de una publicación de Breakthrough Listen que contenía observaciones de 1327 sistemas estelares vistos en una dirección en particular de la galaxia. Los investigadores decidieron expandirla recurriendo al catálogo de Gaia, revisando sus observaciones en esa misma dirección del espacio. Breakthrough Listen busca posibles señales de una determinada intensidad. Concretamente, se buscaban señales de radio en estrellas a unos 160 años-luz del Sistema Solar. Lógicamente, en esa misma dirección del espacio, podemos ver muchas más estrellas y los telescopios de Breakthrough Listen pueden detectar señales más potentes que procedan de estrellas más lejanas.

Así que recurrieron al catálogo de la sonda Gaia para obtener la información de otras 288 315 estrellas que se encuentran en el mismo campo de observación de los telescopios, extendiendo la búsqueda hasta 33 000 años-luz. Esto les permitió determinar que, probablemente, hay menos de una estrella por cada 1600, a 330 años-luz del Sol, que albergue planetas con civilizaciones capaces de emitir señales con la misma intensidad que la nuestra. En este caso, la conclusión no es lo que nos resulta interesante. Es, simplemente, otra hipótesis de tantas que se han planteado sobre la abundancia de civilizaciones en nuestro entorno. Puede ser más o menos interesante, desde luego, pero no es la clave en este punto.

Lo destacable es que no fue necesario realizar observaciones adicionales. Los investigadores recurrieron a datos que ya existían de otro telescopio (la sonda Gaia) para ampliar la búsqueda de señales de vida inteligente extraterrestre partiendo de una base de datos inicial, la de Breakthrough Listen, que era mucho más pequeña. **En el futuro, cada vez veremos este tipo de estudios con más frecuencia, donde los datos recogidos por un telescopio, con un propósito en particular, se utilizan también en otros campos porque resultan muy útiles.** Al final, no se trata exclusivamente de la búsqueda de vida extraterrestre, ni mucho menos.

Puede resultar tentador, teniendo en cuenta iniciativas como esta, o SETI@Home, en el que, durante casi dos décadas, voluntarios de todo el mundo participaron con sus propios ordenadores en el análisis de señales de radio que pudiesen contener evidencias de vida extraterrestre inteligente, que estamos ante algo de muy reciente creación. **Lo cierto es que ya a finales del siglo XIX se hablaba de la posibilidad de detectar señales de vida inteligente en otros lugares.** Nikola Tesla, por ejemplo, sugirió en 1896 que su sistema de transmisión podía utilizarse para contactar con seres de Marte. Y no fue el único. A principios del siglo XX, otras figuras como Guglielmo Marconi también plantearon que las señales de radio servirían para el mismo propósito.

Hubo que esperar hasta 1960 para que se llevara a cabo el primer experimento de búsqueda de vida extraterrestre inteligente propiamente dicho. Fue planteado por Frank

Drake, creador de la ecuación que lleva su nombre, que intenta determinar cuántas civilizaciones podría haber en la Vía Láctea. En aquel año, Drake planteó el proyecto Ozma. Su objetivo era detectar señales de vida a través de las ondas de radio. El nombre procede de la princesa Ozma, la regente de la popular tierra de Oz. La búsqueda llegó a ser mencionada en los medios de la época y captó una señal que resultó ser falsa.

Las observaciones se llevaron a cabo con un radiotelescopio de 26 metros de diámetro, que se enfocó en las estrellas Tau Ceti y Épsilon Eridani, cerca de la frecuencia de 1420 MHz. Ambas son estrellas parecidas al Sol. Tau Ceti se encuentra a casi 12 años-luz, tiene el 78 % de la masa del Sol y 5800 millones de años. Es decir, es aproximadamente 1500 millones de años más vieja que la nuestra. Por su parte, Épsilon Eridani está a 10,5 años-luz, tiene el 82 % de la masa del Sol y entre 200 y 800 millones de años, siendo una estrella mucho más joven.

De las dos se pensó que podrían ser buenas candidatas para tener planetas habitados a su alrededor. Con los datos que tenemos en la actualidad, parece mucho más plausible en el caso de Tau Ceti, al ser una estrella con una edad mucho más parecida a la del Sistema Solar. Sea como fuere, ambas estrellas fueron observadas durante 150 horas a lo largo de cuatro meses. No se llegó a detectar ninguna señal. El 8 de abril de 1960 se captó lo que resultó ser una señal falsa que pudo ser producida por algún avión cercano.

La frecuencia analizada es la de la línea de 21 centímetros, que se corresponde con la frecuencia del hidrógeno (y que ya mencionamos al hablar de la señal *Wow!*). El razonamiento es sencillo, al ser la longitud de onda de la radiación emitida de forma natural por el hidrógeno interestelar, cualquier civilización que pudiese haber ahí fuera la conocería. Es, a fin de cuentas, el elemento más abundante del cosmos. Podría usarse como un canal por el que enviar mensajes. De hecho, esa práctica se ha mantenido desde los años 60, **la frecuencia del hidrógeno está reservada, de forma que no puede ser usada en la Tierra, para permitir que se puedan detectar posibles señales extraterrestres.**

Una década después, entre 1972 y 1976, tuvo lugar el proyecto Ozma II. En esta ocasión fueron otros investigadores (Patrick Palmer y Benjamin Zuckerman) los que llevaron a cabo las observaciones, utilizando un radiotelescopio más grande, de 91 metros de diámetro. A pesar de que se observaron varias estrellas durante más tiempo, los resultados fueron igualmente infructuosos.

De momento no hay nada que haga pensar que estamos cerca de descubrir una civilización en otros lugares del Sistema Solar. La búsqueda de Breakthrough Listen es de lo más interesante y productiva, pero por ahora nada indica que pueda ser así. Eso no ha impedido que se haya llegado a publicar algún que otro estudio sobre cómo se debería anunciar al mundo la existencia de una civilización extraterrestre.

Es un terreno que resulta divertido sondear. No son pocos los que creen, cayendo en la trampa de las conspiraciones, que los gobiernos del mundo intentarían ocultar su existencia. Hay que recordar, antes de abrazar esas ideas, que en realidad es una posibilidad que no puede suceder. **La observación del firmamento con radiotelescopios no está controlada por los gobiernos del mundo.** Además, resulta inocente creer que todos los países estarían unidos en el interés por no revelar la existencia de una civilización, cuando sabemos que, desde el punto de vista político, hay multitud de desencuentros entre los gobiernos de naciones tan diferentes como Estados Unidos o China.

Es decir, tarde o temprano, algún gobierno lo terminaría anunciando. Eso, claro, siempre que no se adelantasen los propios investigadores responsables del descubrimiento. En 2016, los investigadores Duncan Forgan y Alexander Scholz publicaron un estudio (*#FoundThem - 21st Century Pre-Search and Post-Detection SETI Protocols for Social and Digital Media*) que resulta de lo más interesante, porque tiene en cuenta la realidad en la que vivimos.

¿Cómo anunciar al mundo que podría existir una civilización cuando vivimos en la sociedad de la inmediatez? Las redes sociales nos rodean. Los investigadores planteaban qué pasaría si descubriésemos su existencia al detectar la presencia de alguna estructura como una esfera de Dyson. El método, en realidad, es lo secundario en este caso. Una vez descubierta, la pregunta de fondo es ¿qué deberían hacer los investigadores?

En 1989 se creó un conjunto de protocolos para verificar la posible detección de vida. En él se contemplaba confirmar los datos, informar a las autoridades del país y, después, al resto de la comunidad científica. Acto seguido, se produciría el anuncio a gran escala con una nota de prensa. **Todo ello sería perfecto para el mundo de finales del siglo xx.** Ahora, la llegada de internet lo ha cambiado todo. Los periódicos y televisiones ya no son nuestra principal fuente de información. Lo son las redes sociales y las publicaciones digitales. **Todo llega con mucha rapidez… y también con mucha distorsión.**

Por ello, sugieren cosas como que, del mismo modo que en muchos proyectos científicos, se cree un blog para hablar de su trabajo. Un lugar donde puedan explicar de manera clara y concisa qué objetivos tienen y cómo están avanzando. Así como qué harán para distinguir un falso positivo de una detección auténtica. Todo ello con el objetivo de ayudar a periodistas y al público para evitar una interpretación incorrecta de los resultados. En caso de una posible detección, incluso aunque no estuviese confirmada, debería publicarse y asegurarse de que no hay nada que esconder.

Vivimos en un mundo en el que las filtraciones están a la orden del día. En algo así, es indudable que sucedería incluso más rápido y con un mayor impacto. A nadie le gustaría la idea de que se publicase una noticia falsa sobre el hallazgo de una civilización, así que lo preferible, explican, sería publicar los datos de manera inmediata.

De esta manera, si está muy claro que la detección no está confirmada, o que no se pueden descartar las causas humanas o naturales, entonces no habrá oportunidad de que los conspiracionistas preparen su artillería. Otros científicos, además, podrán aportar su granito de arena en la búsqueda de esas señales.

No plantean nada, a decir verdad, que resulte particularmente sorprendente. **El anuncio de detección de vida inteligente más allá de la Tierra será, cuando se produzca, una de las noticias más importantes de la historia del ser humano.** Algo que nos transformará profundamente en aspectos que todavía son difíciles de llegar a comprender. Es en esto último, precisamente, donde apuntan que las personas responsables del descubrimiento verán su vida cambiar por completo.

Probablemente tengan que dedicar el resto de su existencia a ese hallazgo. Al menos es lo que plantean ambos investigadores, ya que entienden que serán esas personas hacia quienes, como sociedad, nos dirijamos para aprender a aceptar nuestra nueva identidad. Para darnos cuenta de que, como ya se pensaba, no somos la única civilización del universo. Quizá seamos parte de un cosmos poblado por muchas otras civilizaciones inteligentes.

No es ninguna locura pensar que, desde luego, recibirán mucha atención mediática durante al menos unas semanas. El estudio es divertido, ya que tiene en cuenta el impacto de las redes sociales. Ese lugar donde todo se magnifica, donde nacen los memes y el humor no se detiene ni siquiera ante los anuncios más importantes.

Pero lejos del foco de la sociedad en su conjunto, donde sí parece lógico que habrá una búsqueda de identidad, no es menos interesante pensar en cómo nos afectará en términos globales. Por ejemplo, **es evidente que en el campo de la astrobiología se abrirá un abanico de preguntas increíblemente extenso.** Desde cómo son esos extraterrestres a cómo es su planeta, su sociedad, su historia evolutiva y un largo etcétera. Tampoco parece una locura suponer que se podría intentar desarrollar naves más rápidas para llevar a cabo viajes interestelares. Si Breakthrough Starshot pretende viajar al 20 % de la velocidad de la luz, tal vez se intente aumentar ese porcentaje para poder visitar, aunque sea con naves microscópicas, el sistema de la civilización que se detectase. Eso suponiendo, claro está, que no estén demasiado lejos del Sistema Solar.

En cuanto a nuestra sociedad, hay muchas lecturas diferentes que podemos hacer, en función de qué tipo de vida se encuentre. Parece que, **si fuese vida microbiana, para gran parte del público no supondría un hallazgo especialmente interesante.** Es irónico, teniendo en cuenta que sería toda una revolución desde el punto de vista científico. Sin importar lo avanzada que sea esa vida extraterrestre, querría decir, sin género de duda, que no estamos solos en el universo. Pondría patas arriba la comprensión de la aparición de la vida en la Tierra, entre otras muchas cosas.

El descubrimiento de vida compleja, pero no inteligente, puede que genere más interés. Habrá quienes se preguntarán cómo será ese planeta y hasta qué punto las formas de vida que haya en su superficie y océanos se podrían parecer a la vegetación y animales de nuestro planeta. Para parte de la sociedad, probablemente, sí supondría un hallazgo más interesante. Sin duda, **la auténtica revolución sería la detección de otra civilización.**

Este es el anuncio que parece que la sociedad, en su conjunto, está esperando que se produzca de algún modo. Una de las preguntas más recurrentes, en este escenario, es cómo reaccionarán las instituciones religiosas del mundo ante el hecho de que se encuentre vida inteligente en torno a otras estrellas de la Vía Láctea. Es muy difícil intentar determinar cuál podría ser su reacción, pero quizá podamos sospechar qué camino podrían seguir. A fin de cuentas, la religión en los últimos años se ha modernizado, intentando conectar con generaciones cada vez más jóvenes.

El descubrimiento de vida extraterrestre inteligente no supondría, como muchos podrían creer, un varapalo definitivo para las creencias religiosas. Lejos de ello, no hay motivos para dudar de que simplemente adaptarían ese conocimiento a sus creencias. Es decir, la deidad de turno no solo creó al ser humano en la Tierra, también creó otras formas de vida inteligentes en distintos mundos. No es un cambio menor, pero podría permitir a las grandes religiones del mundo seguir adelante con sus creencias y adaptarse a los nuevos hallazgos.

En cuanto a nuestro día a día, está claro que durante las primeras jornadas, semanas o quizá meses, el descubrimiento sería la gran noticia. Pero, más allá del descubrimiento inicial, y por la lentitud y dificultad que conlleva comunicarse con otros lugares de la Vía Láctea, pasará a un segundo plano rápidamente, una vez que hayamos interiorizado el hecho de que hay más civilizaciones en el universo. Durante un tiempo habría mucho interés por conocer mejor a esos posibles seres extraterrestres inteligentes, pero la novedad se disiparía rápidamente.

Imaginemos que, por ejemplo, se encontrasen a 500 años-luz. Esto es apenas un suspiro en la escala astronómica, pero resulta demasiado tiempo en comparación con una vida humana. Si les enviásemos un mensaje, tendríamos que esperar, como mínimo, 1000 años hasta que recibiésemos una respuesta. Eso siempre que, en ese tiempo, ni nuestra sociedad ni la suya terminasen extinguiéndose. Así que, ante la imposibilidad de mantener una comunicación fluida con esa posible civilización extraterrestre, el interés de la sociedad volvería rápidamente a nuestros asuntos, a nuestro día a día, alejados de las preocupaciones sobre cómo podrían ser otras criaturas.

En el campo de la ciencia, sin duda, los efectos serán mucho más duraderos. Descubrir otra civilización conllevaría un aumento de las misiones de búsqueda de vida inteligente en otros lugares de la Vía Láctea. Durante años, se trabajaría en intentar obtener toda la información posible sobre la sociedad descubierta, su entorno y todo lo que pudiésemos imaginar. Seguramente surjan, en función del descubrimiento, ramas enteras de la astronomía que en estos momentos no existen. Estas nuevas ramas tendrán como misión principal profundizar en nuestro conocimiento del cosmos y de las formas de vida que pudiesen estar esparcidas a lo ancho y a lo largo de la Vía Láctea.

Algún día, si hay vida en algún lugar más allá de la Tierra, se convertirá en una realidad. Es cuestión de tiempo que hayamos logrado observar un porcentaje lo suficientemente grande de la galaxia como para, en algún lugar, terminar dando con alguna señal de vida. **La gran incógnita es saber cuándo sucederá.** La llegada de nueva tecnología es siempre interesante, porque plantea distintas posibilidades. No hay ningún observatorio que esté concebido específicamente para la búsqueda de vida extraterrestre, pero hay varios telescopios que entrarán en funcionamiento en los próximos años, o que llevan operativos poco tiempo, que podrían ayudar a llevar a cabo esas detecciones.

Las mismas herramientas que utilizamos para observar los confines del universo, para estudiar el entorno de nuestra galaxia, e incluso nuestro propio vecindario, son también perfectamente válidas para buscar posible vida extraterrestre. ¿Nos dará una respuesta a este interrogante alguno de los telescopios que entrarán en funcionamiento en estos años? Algunos investigadores esperan que sea así. Hay quienes creen que es cuestión de unas pocas décadas el que se confirme la existencia de vida extraterrestre. Otros no lo tienen tan claro.

Pero de lo que no hay ninguna duda es que, **para poder descubrir si hay vida más allá de la Tierra, necesitamos herramientas cada vez más potentes y sensibles.** Esas mismas herramientas que nos ayudarán a desentrañar algunas de las grandes preguntas de la astronomía. Cuestiones como cuáles eran las condiciones en los primeros momentos del universo, cómo eran las primeras estrellas o cuál es la velocidad a la que se acelera la expansión del universo se podrán responder al mismo tiempo que recogemos información para determinar si alguna estrella, en nuestro alrededor, contiene algún planeta que esté habitado.

El objetivo último es siempre el mismo: ampliar nuestro conocimiento al ritmo que avanza nuestra tecnología, y que nos permita mirar cada más lejos, mejor y con más detalle, buscando respuestas sobre las cuestiones más complejas que el ser humano se ha preguntado desde que existe...

CAPÍTULO XII
LOS OJOS
DEL FUTURO

En los próximos años habrá multitud de telescopios que entrarán en funcionamiento. Algunos permitirán que la búsqueda de vida extraterrestre avance mucho en la detección de señales de vida. Ninguno ha sido diseñado con el único objetivo de captarlas, pero, por sus características y potencia, serán muy útiles en esa tarea. También es necesario decir que en este capítulo hablaremos solo de algunos de los telescopios más interesantes que funcionarán en los próximos años. Ni mucho menos pretende ser este un repaso exhaustivo a toda la tecnología que está por llegar, porque podríamos dedicar todo un libro a ese cometido. En este caso, trataremos solo una pequeña selección tecnológica que podrá ayudar a encontrar vida, si es que la hay, en otros lugares de la Vía Láctea.

Uno de los telescopios más interesantes, sin duda, es el radiotelescopio FAST, que comenzó a operar en 2016 en fase de pruebas, y que funciona desde enero de 2020 de forma oficial. Es un radiotelescopio de 500 metros de diámetro que se encuentra en una depresión natural en Guizhou, en el sureste de China, una región montañosa con unas condiciones inmejorables para la observación del firmamento. En la nación asiática recibe el nombre de Tianyan, que significa «Ojo del cielo». Su nombre oficial, por su parte, es la abreviatura de Five-hundred meter Aperture Special Telescope. Es decir, telescopio de quinientos metros de apertura.

A pesar de lo que indica su nombre, lo cierto es que no se llegan a usar los 500 metros del disco. Como mucho, se usan unos 300 metros a la vez, permitiendo al telescopio cambiar qué parte, de todo el plato, es la que está en funcionamiento en un momento dado. Entre los principales objetivos de FAST no está la búsqueda de vida extraterrestre. Algunas de sus tareas abarcarán el estudio de púlsares, el análisis de la distribución de hidrógeno neutral (es decir, átomos de hidrógeno con un electrón a su alrededor) en el universo cercano, detectar moléculas interestelares y, también, si se diese el caso, captar posibles señales de comunicación interestelar. Además, el radiotelescopio se suma a la red internacional de interferometría de base muy larga.

Aunque podría sonar críptico, **la interferometría de base muy larga es una técnica que resulta muy útil.** Consiste en utilizar diferentes telescopios, repartidos por el mundo, de forma que funcionen conjuntamente como si fuese un telescopio con un tamaño equivalente a la máxima distancia entre los telescopios más lejanos de la red. Es decir, **a través de esta técnica, es posible tener un telescopio tan grande como**

la Tierra sin necesidad de construir uno que, físicamente, tenga ese tamaño (algo que sería imposible en la actualidad).

A todos esos objetivos ya citados le podemos sumar dos grandes estudios del firmamento, que tendrán una duración de cinco años. Tras su conclusión, se espera que el análisis de los datos recogidos dure una década. Así que ya desde su inicio FAST tiene una agenda bastante ocupada, pero también habrá tiempo libre para estudiar cualquier fenómeno u objeto que aparezca que sea interesante. Se espera, por ejemplo, que sea capaz de buscar exoplanetas que tengan un campo magnético, algo que parece esencial para que pueda protegerse de la radiación de su estrella y de conservar su atmósfera. De momento es pronto para poder medir el auténtico impacto y alcance de este nuevo radiotelescopio que, en todos los aspectos, es un sucesor del radiotelescopio de Arecibo.

Desde que comenzase sus operaciones hasta principios de 2020, había descubierto más de un centenar de púlsares. Por su gran capacidad de observación, también puede analizarlos con una precisión unas cincuenta veces superior a la habitual.

Al poder observar unas cuatro veces más firmamento que otros telescopios, **el radiotelescopio tiene la capacidad de descubrir más estrellas y fenómenos cósmicos.** Algo que también será de gran utilidad en la búsqueda de vida extraterrestre. Un equipo de investigadores de la Academia

China de Ciencias publicó un estudio, a principios de 2020, titulado *Opportunities to Search for Extra-Terrestrial Intelligence with the Five-hundred-meter Aperture Spherical radio Telescope*, en el que detallan algunas de las formas en las que el radiotelescopio FAST podrá contribuir en este campo.

Por su tamaño, explican, es el mejor receptor de la banda L, en la que se encuentra la frecuencia del hidrógeno neutral. Desde el proyecto Breakthrough Listen se ha considerado utilizarlo junto con el resto de telescopios de los que ya disponen, porque es uno de los mejores y tiene una gran capacidad para excluir las interferencias producidas por las frecuencias de radio terrestres. Su hardware y software le permiten llevar a cabo diferentes tareas al mismo tiempo, hasta el punto de que los investigadores lograron, en una observación a gran escala, que se recogiesen datos sobre púlsares e hidrógeno.

Esto resulta muy útil para la búsqueda de vida extraterrestre porque, explican los investigadores, con la instrumentación instalada en FAST, debería poder dedicar mucho tiempo a la búsqueda de vida extraterrestre sin que eso lo desvíe de las demás observaciones. Su intención, si se convirtiese en realidad, sería la de observar exoplanetas que ya han sido estudiados con otros telescopios, con la esperanza de detectar alguna señal. Es decir, captar la actividad de alguna civilización extraterrestre, en nuestro entorno, que hubiese pasado desapercibida hasta el momento.

En el caso de realizar una observación de la galaxia de Andrómeda, el radiotelescopio FAST sería capaz de detectar tecnologías que estuviesen por encima de la que tenemos en la actualidad. Es decir, si hubiese alguna civilización de tipo II o superior, se podría captar su presencia a pesar de que se encontrasen en una galaxia a 2,5 millones de años-luz de la nuestra.

Es un ejemplo de cómo aprovechar un radiotelescopio, en este caso, para que beneficie a la búsqueda de vida extraterrestre sin que vaya en detrimento de otras áreas de la astronomía donde se espera que realice grandes contribuciones.

Los radiotelescopios resultan muy interesantes porque podrían captar las señales de civilizaciones que pudiesen ocultarse en otros lugares de la galaxia. Pero para saber hacia dónde mirar, es necesario tener, en primer lugar, una idea de qué objetivos son los que merecen nuestra atención. Es cierto que observar una región del firmamento, al azar, y esperar detectar algo no es muy atractivo. En su lugar, fijarse en aquellos lugares donde hay exoplanetas que podrían ser habitables resulta mucho más lógico. Si tienen las condiciones necesarias para poder albergar vida, es posible que en alguno de ellos haya aparecido vida inteligente y estén transmitiendo señales a otros lugares de la galaxia.

Se ha llegado a sugerir que el radiotelescopio debería tener la capacidad de detectar tecnologías de civilizaciones, con un nivel similar al nuestro, en aquellos exoplanetas que descubra el telescopio TESS. Fue lanzado el 18 de abril de 2018 con el objetivo de descubrir nuevos exoplanetas a través del método de tránsito, observando una región 400 veces más grande que la del telescopio Kepler, su antecesor. **Su objetivo es estudiar las 200 000 estrellas más brillantes y cercanas al Sol** y se espera que descubra hasta 20 000 exoplanetas. Su misión principal comenzó en 2018 y terminó en mayo de 2020. Ahora se encuentra en la misión secundaria, en la que su objetivo es continuar observando estrellas en busca de exoplanetas.

Su objetivo son estrellas de tipo G (enanas amarillas, como el Sol), K (enanas naranjas) y M (enanas rojas). Todas son objetivos interesantes, desde el punto de vista de la búsqueda de vida extraterrestre, porque tienen duraciones lo suficientemente largas como para que en alguno de los planetas a su alrededor apareciese vida. **De esos 20 000 exoplanetas que podría descubrir el satélite, se espera que entre 500 y 1000 sean de un tamaño similar al de la Tierra o algo superior.** Y, de todos ellos, en torno a una veintena podrían estar en la zona habitable de su estrella.

Por lo general, se espera que los exoplanetas estén a distancias de entre 30 y 300 años-luz. Esa es una de las grandes novedades y principales atractivos de TESS. El telescopio Kepler descubrió miles de exoplanetas, pero muchos están demasiado lejos como para poder observarlos con detenimiento y analizar sus atmósferas. TESS no puede hacer eso, aunque sí tiene la capacidad de determinar su masa, tamaño, densidad y órbita. Algo que permitirá que se descubran multitud de pequeños exoplanetas rocosos que podrían ser un buen objetivo para un estudio posterior con la esperanza de determinar la composición de su atmósfera.

Ese es, seguramente, uno de los pasos más interesantes que está por darse. En este tiempo se han descubierto unos cuantos exoplanetas rocosos. Algunos están en la zona habitable de enanas rojas. Otros en la zona habitable de estrellas como el Sol. En todos los casos, no se puede afirmar o negar que tengan una atmósfera. Es un elemento que resulta imprescindible para que las condiciones sean las apropiadas para que pueda aparecer vida en su superficie. A esto le hay que sumar que no sirve cualquier tipo de atmósfera. Debería parecerse a la que podemos encontrar en nuestro planeta.

Es aquí donde entra en escena el telescopio James Webb, que ya hemos mencionado en varias ocasiones a lo largo de este libro. No es para menos, porque promete ser uno de los telescopios más revolucionarios. Es, en muchos sentidos, el sucesor del telescopio Hubble y va a ayudar a intentar responder a algunos de los grandes enigmas del universo. Permitirá estudiar la radiación de fondo de microondas, un resplandor visible en la longitud de microondas que está presente en todo el universo y cuyo origen se remonta a las primeras etapas del cosmos. Fue su primera luz y se emitió cuando tenía unos 378 000 años. También analizará la formación de galaxias en los primeros instantes, así como el nacimiento de estrellas, los sistemas protoplanetarios a su alrededor y, por supuesto, su resultado: los planetas que surgirán de ese material. **Este telescopio tiene una conexión más directa con la búsqueda de vida extraterrestre, si cabe, porque también intentará determinar los orígenes de la vida.**

Ya solo por eso merece toda la atención posible. Determinar cómo apareció la vida en nuestro planeta supondría un gran avance a la hora de entender hasta qué punto podría ser abundante en otras partes del cosmos. Pero es que, además, también analizará aquellos exoplanetas descubiertos por TESS (y algunos de los que descubrió el telescopio Kepler) con el objetivo de conocerlos mejor y de estudiar la composición de su atmósfera. Cada una de las áreas de investigación, a decir verdad, serán útiles para entender nuestro lugar en la historia del cosmos.

El telescopio James Webb también estudiará nebulosas. Particularmente aquellas que son regiones de formación de estrellas. En el interior de esas regiones de gas, gracias a su capacidad de observación en el espectro infrarrojo, podrá ver cómo es el proceso de formación de los astros. Si nos limitásemos únicamente a lo que podemos observar en el espectro visible, deberíamos esperar a que los futuros astros limpiasen el gas de su entorno para poder verlos sin obstrucción alguna.

Si a esto le sumamos esa capacidad de análisis de atmósferas de exoplanetas, y las condiciones en las que se formaron, es posible tener una imagen relativamente clara de cuál fue la trayectoria que siguieron los exoplanetas que se estudien en el futuro, hasta tener su estado actual. De esa manera, en el caso de exoplanetas que sean similares a la Tierra, podría ser posible establecer similitudes y diferencias en cuanto a su proceso de formación y evolución. Esto permitirá definir mejor hasta qué punto nuestro planeta presenta condiciones extraordinarias o, por el contrario, si es uno más del montón.

Lo más frustrante del telescopio James Webb, sin duda, son los retrasos que ha venido acumulando a lo largo de los años. Tiene un coste estimado de unos 8500 millones de euros y su construcción ha afectado a los presupuestos de la NASA en varias ocasiones. En realidad, el origen de este telescopio se remonta a la década de los 90, cuando la agencia estadounidense se embarcó en una campaña para abaratar costes. Su objetivo era usar la miniaturización de la electrónica (dispositivos cada vez menores y más potentes) para crear instrumentos más rápidos, mejores y baratos. De todo ello surgió el llamado Next Generation Space Telescope, en el que se trabajó durante buena parte de la década de los años 2000.

Ya en la primera versión se indicaba que su órbita se encontraría a 1,5 millones de kilómetros de la Tierra. En 2002 recibió el nombre por el que lo conocemos en la actualidad.

Y en 2005 se calculó que costaría unos 4500 millones de euros. Con el paso de los años, en 2010 se determinó que el coste sería mucho más elevado. En aquel momento, la NASA explicó que el aumento de coste y los retrasos se debían a los presupuestos y la gestión del programa, y no tanto a incidencias técnicas. Dicho de otra manera, el presupuesto era demasiado bajo.

En algunos momentos, se llegó a temer que el gobierno de Estados Unidos pudiese cancelar el proyecto por el aumento constante de su coste, pero consiguió mantenerse a flote. Tras muchos retrasos, se volvió a plantear el año 2019 como fecha de lanzamiento, pero de nuevo se retrasó. En el momento en el que escribo estas páginas, **está previsto que se ponga en órbita el telescopio James Webb el 31 de octubre de 2021,** es decir, en el día de la popular celebración de Halloween. Cuando llegue ese momento, el telescopio tendrá que cumplir con unas expectativas muy altas, porque ha pasado mucho tiempo dando esas esperanzas. También para que investigadores de muchas partes del mundo hayan podido registrar sus solicitudes y dispongan de tiempo de observación del telescopio para sus estudios.

Respecto del punto de vista de la búsqueda de vida extraterrestre, la capacidad de James Webb de analizar atmósferas lo coloca en un lugar muy especial. Mientras telescopios como TESS permiten que nuestro conocimiento de la Vía Láctea aumente constantemente, **James Webb ofrece la posibilidad de descubrir, por fin, hasta qué punto esos**

planetas rocosos se parecen realmente a la Tierra. No hay que olvidar que, por ahora, esa similitud solo se da en términos muy generales, pero faltan aspectos, como la composición de la atmósfera o la presencia de un campo magnético, para poder determinar si realmente podrían albergar vida.

Por suerte, **no va a ser el único observatorio con capacidad de analizar las atmósferas de exoplanetas.** Hay otro telescopio, en plena construcción, que será capaz de llevar a cabo observaciones muy interesantes. **Se trata del Telescopio Extremadamente Grande.** Sí, aquí podríamos hacer un inciso para hablar de los nombres de los telescopios. El Telescopio Muy Grande, el Telescopio Extremadamente Grande…, y se han planteado incluso nombres tan rompedores y originales como el Telescopio Abrumadoramente Grande (cuya construcción fue cancelada y hubiese sido aún más grande que el Extremadamente Grande) y el Telescopio Definitivamente Grande (uno todavía más grande que está planteado de forma hipotética y que, si se construyese, se encontraría en la cara oculta de la Luna). Digamos que la astronomía es un campo apasionante, pero en eso de tener nombres creativos no es algo en lo que destaque especialmente.

Sea como fuere, el Telescopio Extremadamente Grande, ELT (por sus siglas en inglés, de *Extremely Large Telescope*), está en plena construcción en el desierto de Atacama, en Chile, y es propiedad del Observatorio Austral Europeo. Una vez que esté finalizado, será el telescopio más grande del mundo. **Tendremos que esperar, eso sí, como mínimo hasta 2025 para verlo en funcionamiento.** Es para ese entonces cuando está prevista la *primera luz*. Es decir, el primer encendido del telescopio. Hay otros grandes telescopios que también entrarán en funcionamiento en los próximos años. El telescopio Vera C. Rubin (en honor a Vera Rubin, una figura esencial para el descubrimiento y entendimiento de la materia oscura), el Telescopio Gigante de Magallanes o el Telescopio de Treinta Metros.

El ELT tendrá un diámetro aproximado de 39 metros. Su espejo principal, en realidad, estará formado por pequeños espejos hexagonales. En total, serán necesarios 798 espejos para poder formar el espejo principal. Con la ayuda de sensores, cada uno de esos componentes podrá ajustar su posición, en relación con la de las piezas vecinas, para asegurar que la capacidad de observación del telescopio siempre sea la mejor posible. Junto al espejo principal habrá otros cuatro auxiliares, que permitirán formar imágenes tremendamente detalladas. Al observatorio, además, se le podrán incorporar diferentes instrumentos.

Por todo ello, va a ser una herramienta fantástica para la observación de exoplanetas. Por el tamaño de su espejo, será capaz de recoger más luz de objetos tenues y distantes con una resolución angular grande. Es decir, podremos distinguir diferentes objetos que estén muy cerca entre sí. Es algo especialmente útil a la hora de buscar exoplanetas que se encuentren cerca de su estrella y, como James Webb, será capaz de analizar la atmósfera de algunos de esos mundos. Por lo que nos ayudará a comprender mejor cómo son esos entornos y, por qué no, quizá incluso elucubrar sobre si alguno de esos mundos que observemos, ya sea con este o con otros telescopios, podría tener agua líquida en su superficie.

Sus aportaciones podrán aplicarse a otras áreas de la astronomía. **Será capaz de permitir comprender mejor la formación y evolución de sistemas planetarios.** Podrá detectar moléculas orgánicas y agua en los discos de material que rodean las estrellas que todavía están en fase de formación, permitiendo conocer mejor nuestro entorno. Uno de sus objetivos principales es estudiar los objetos más lejanos que podemos ver en el cosmos.

El telescopio ha sido concebido, entre otras cosas, para poder observar las primeras estrellas, galaxias y agujeros negros del cosmos, proporcionando más información para entender cómo se desarrollaron las primeras etapas del universo. Puede que ayude, incluso, a medir cuál es la aceleración de la expansión del universo. Se trata de uno de los grandes dilemas de la astronomía moderna. La aceleración de la velocidad a la que se expande el universo debería ser la misma siempre. Sin embargo, parece ser mayor en la actualidad que en el pasado. Es algo que abre la puerta a posibilidades muy interesantes, pero que de momento no se puede llegar a afirmar. Las investigaciones de los próximos años con telescopios como este serán fundamentales para entender si realmente el universo no siempre ha acelerado su expansión al mismo ritmo. Es algo que no encajaría con la visión que hasta ahora hemos tenido.

Estos son solo algunos ejemplos de la tecnología que está por llegar (o que ya ha llegado) en los próximos años. Con el paso del tiempo, cada vez disponemos de mejor tecnología y de la capacidad de mirar cada vez más lejos. Esto es, en realidad, solo otro paso más en la evolución tecnológica que lleva a cabo el ser humano. **En los últimos tiempos, se ha llegado a plantear que nuestro propio Sol podría actuar como una pieza fundamental para crear un telescopio gigante.** Tendría una capacidad de observación muy superior a la de cualquier telescopio reciente.

El razonamiento lo explicó un grupo de investigadores allá por 2017, en un estudio titulado *Mission To The Solar Gravity Lens Focus: Natural Highground For Imaging Earthlike Exoplanets*. Consiste en utilizar la técnica de lente gravitacional, de la que hemos hablado anteriormente, y usar nuestra propia estrella como un gigantesco amplificador. La teoría, a decir verdad, resulta de lo más simple. Basta con colocar los instrumentos de detección en el punto apropiado del espacio.

Ese punto es el lugar en el que la gravedad del Sol provoca que la luz, que llega curvada por su gravedad, procedente de estrellas lejanas, se enfoque. En ese lugar tendríamos la capacidad de obtener imágenes espectaculares. Un telescopio que utilizase nuestro Sol como lente gravitacional, desde ese lugar, sería capaz de observar una estrella y su planeta por separado.

La capacidad de magnificación sería tan grande que para un exoplaneta a 100 años-luz de distancia sería posible producir una imagen de 1000 x 1000 píxeles. Aproximadamente, cada píxel representaría 10 kilómetros de la superficie del planeta. **Como comparación, es una capacidad de resolución superior que la que tiene el telescopio Hubble cuando observa Marte.** Por tanto, podríamos ver detalles como continentes u océanos en mundos que están mucho más allá del Sistema Solar.

Evidentemente, con una capacidad de observación tan potente, el estudio de la atmósfera del exoplaneta de turno sería poco más que una tarea rutinaria. Podríamos observar directamente señales de vida en aquellos planetas que tengan, por ejemplo, grandes regiones cubiertas por vegetación. El abanico de posibilidades que abre es interesantísimo, se mire por donde se mire.

Un telescopio así no solo permitiría estudiar los exoplanetas considerados potencialmente habitables en gran detalle. También posibilita analizar con detenimiento los diferentes tipos de exoplanetas que podemos observar y ver de cerca estrellas que, en la actualidad, apenas logramos captar como puntos de luz.

¿Y el inconveniente? **El lugar en el que la gravedad del Sol enfocaría la luz de esos objetos está lejos.** Muy lejos. Se encuentra a 550 UA, por lo que tendríamos que alejarnos a 550 veces la distancia media que separa al Sol de la Tierra. El telescopio debería estar en los confines del Sistema Solar. Las sondas Voyager, que llevan más de 4 décadas viajando por el espacio, apenas se encuentran a unas 150 UA, en el caso de Voyager 1, y 125 la Voyager 2, respectivamente. **Así que sería necesario, en primer lugar, disponer de una nave que pueda viajar mucho más rápido.**

Además, habría que entender muy bien algunas cuestiones como cuál es el tiempo de observación de un exoplaneta. ¿Con qué frecuencia se podría volver a observar, para llevar a cabo más mediciones o ver cómo ha variado? Este telescopio, según contaban los investigadores, sería principalmente útil para el estudio de planetas rocosos que puedan estar en la zona habitable de sus estrellas. En muchos otros casos, es posible que la tecnología que ya tenemos sea capaz de hacer un trabajo mejor, aunque no sea tan espectacular.

No solo eso, es necesario también que el sistema esté perfectamente alineado para poder llevar a cabo las observaciones, por lo que seguramente habría que esperar que, de construirse, serían pocas y esporádicas. Por eso, en estos momentos, enfrentarse a un proyecto así sería poco menos que una locura. No tenemos naves lo suficientemente rápidas como para poder desplegarlo, en un plazo razonable, en el lugar en el que correspondería. Y, por otro lado, las oportunidades de observación, aunque parezcan tan atractivas, serían muy limitadas.

Pero, en cualquier caso, **podemos considerarlo como un ejemplo de lo que la tecnología nos permitiría hacer en las próximas décadas.** Una idea muy popular es la de establecer un telescopio en la cara oculta de la Luna. Desde allí sería posible estudiar el universo en sus primeras etapas, antes de que existiesen las primeras galaxias. En el momento en el que apenas comenzaban a brillar las primeras estrellas del cosmos. Un período que ni siquiera los telescopios como James Webb podrán observar, cuyo estudio permitiría entender cómo ha evolucionado el universo desde el Big Bang hasta la actualidad. Todas las observaciones, sean en el campo que sean, persiguen un mismo objetivo: aumentar nuestro conocimiento del universo. No solo es importante saber si hay vida en otros lugares, sino también cómo fue la infancia del cosmos. De saber cómo pasamos de aquel momento a lo que podemos observar en el presente.

Con cada paso que se da, la ciencia crea una imagen cada vez más completa. Hay todavía muchos huecos que tapar y demasiadas lagunas que rellenar. **Ese conocimiento, por ejemplo, podría permitir entender mejor en qué momento, en la infancia del universo, se dieron las condiciones que posibilitarían, por primera vez, que la vida pudiese aparecer en el cosmos.** Es posible que, cuando esas observaciones se lleven a cabo, se determine qué pudo suceder incluso antes de lo que se ha planteado en estas páginas. O que se observe que, por el motivo que sea, pudiese haber sido posible solo más tarde de lo que inicialmente se había creído. La única forma de obtener esas respuestas es, en realidad, con más observaciones.

De lo que no hay duda es de que estamos aquí. Somos el resultado de la propia historia del universo. Sin un Big Bang, sin esas primeras estrellas y los elementos que forjaron en su interior, y los miles de millones de años de evolución del cosmos, el Sistema Solar nunca habría sido como es, y la Tierra jamás habría llegado a tener la posibilidad de dar lugar a la vida.

¿Cuál será el límite de nuestro conocimiento? ¿Lo habrá? Son preguntas que nos invitan a dejar volar la imaginación, pero también son una excusa perfecta para embarcarnos en otras cuestiones que aparecen con cierta frecuencia cuando hablamos de vida en otros lugares de la galaxia. Porque… ¿quién no ha escuchado alguna vez que los extraterrestres ayudaron a los antiguos egipcios a construir las pirámides?

CAPÍTULO XIII
LOS LÍMITES
DE LA CIVILIZACIÓN

Las conspiraciones son algo que ha estado presente en la historia del ser humano. En ocasiones, nuestra sociedad ha querido ver cosas que no estaban ahí realmente. Dos de las más populares, en estos tiempos que corren, son que la Tierra es plana o que el ser humano nunca llegó a la Luna. Ambas son, irónicamente, muy fáciles de desmontar. **Basta un mínimo conocimiento de física para entender que la gravedad provoca que toda la materia se vea atraída hacia el centro, desde todos los lados, por igual.** Un objeto lo suficientemente masivo (como la Tierra) será esférico por su propia gravedad.

En el caso de la llegada a la Luna, basta un análisis, no muy exhaustivo, del contexto histórico y de la tecnología de la época para ver que era perfectamente posible (aunque muy arriesgado). No solo eso, pues tampoco hay que olvidar que se llegó a la superficie de la Luna en seis ocasiones (con las misiones Apolo 11, 12, 14, 15, 16 y 17). Pero hay otras conspiraciones, relacionadas con la astronomía, que nos resultan mucho menos evidentes.

Una de ellas es la de los llamados *alienígenas ancestrales*. La idea, sin mucho análisis previo, es tan simple como evocadora. Criaturas llegadas de otro lugar, tras un viaje de años-luz vagando por la Vía Láctea, que, al llegar a nuestro planeta, deciden presentarse a nuestra sociedad. ¿Con qué objetivo? ¿Traer un gran avance tecnológico para que podamos convertirnos en socios de alguna confederación interestelar? ¿Un mensaje de paz y ánimo para todos los seres humanos de la Tierra, diciéndonos que algún día llegaremos a ese mismo nivel de desarrollo? Aparentemente, según los conspiracionistas, los alienígenas son individuos mucho más mundanos. Vinieron hasta la Tierra a colocar piedras encima de otras piedras, porque los egipcios, al parecer, eran incapaces de hacerlo por ellos mismos y las pirámides, concluyen, jamás habrían podido existir.

Si además nos dejamos llevar por la desinformación que rodea a la construcción de las pirámides, es fácil terminar con la impresión de que todo es demasiado evidente como para no creer que, realmente, los extraterrestres pudieron visitar nuestro planeta hace miles de años. Teorías como que, supuestamente, las pirámides de Giza representan el cinturón de Orión son falsas y solo es posible hacerlo con una imagen manipulada. No solo eso, gracias a la piedra Rosetta, y al conocimiento que se posee sobre la civilización del antiguo Egipto, se sabe que Orión no tenía ningún tipo de significado en la sociedad. Ni siquiera tenían las mismas constelaciones que conocemos ahora.

También se argumenta, en otros casos, que su orientación o sus dimensiones son demasiado perfectas o que, aparentemente, no existían las herramientas necesarias para poder trabajar con las rocas, así como para poder llevar a cabo su construcción.

Para rebatir todos estos puntos, podríamos escribir todo un libro (¿o varios?) presentando multitud de evidencias sobre por qué la idea de los alienígenas ancestrales resulta totalmente improbable. Pero lo cierto es que no hace falta complicarse hasta ese extremo. En su lugar, basta con darle la vuelta a la tortilla y verlo desde una perspectiva diferente. Imaginemos, por un momento, que somos una civilización extraterrestre con una tecnología muy superior a la que posee el ser humano moderno. El viaje interestelar, para esa civilización, no solo es perfectamente asequible, es rutinario. Viajar entre las estrellas es casi tan sencillo, en este caso hipotético, como subirse al autobús que nos llevará hasta nuestro destino.

El primer inconveniente, en este caso, es que la galaxia es un lugar exageradamente grande. **Hay 200 000 millones de estrellas, aproximadamente. Cada una con sus planetas a su alrededor. De media, se calcula que un planeta por estrella.** Pero, lógicamente, habrá casos mucho más numerosos (como TRAPPIST-1 y sus siete planetas) y otros en los que las estrellas estén solas. Es decir, habrá como mínimo 200 000 millones de planetas. Algunos serán gigantes gaseosos, otros serán rocas yermas y un buen puñado serán mundos habitables.

En este caso, además, ni siquiera vamos a establecer límites respecto a la capacidad de viaje de esa hipotética civilización, porque el argumento se vuelve aún más sencillo si imaginásemos que no tienen ninguna forma de viajar rápidamente a otros lugares de la galaxia (por medio de agujeros de gusano o similares). Su conocimiento, por tanto, se verá limitado únicamente por la velocidad de la luz, en tanto esa es la velocidad a la que se propaga la información por la galaxia.

Es un detalle que es importante tener en cuenta. **Cuando miramos al cielo, vemos el pasado.** El Sol, por ejemplo, lo vemos tal y como era hace algo más de 8 minutos, que es el tiempo que tarda su luz en llegar hasta nosotros. El sistema de Alfa Centauri lo vemos tal y como era hace algo más de 4 años-luz, mientras que la galaxia de Andrómeda la vemos tal y como era hace 2,5 millones de años. Por eso, **desde la perspectiva de esa hipotética civilización extraterrestre, solo podrán saber que un planeta tiene vida inteligente si detectan una señal que sea, inconfundiblemente, de origen artificial.**

¿Podrían visitar otros planetas al azar? Podríamos suponer que sí. Pero ¿tendría sentido? ¿Cuál sería el valor de querer acercarse a un planeta, que parece habitable, para ver si podría haber algún tipo de vida en él? No intentes responder a estas preguntas. Puedes creer que eres capaz, pero no es así. De hecho, ningún ser humano tiene la capacidad de responder a preguntas sobre el comportamiento de las posibles civilizaciones que pudiese haber, salvo en términos demasiado generales. Por ejemplo, parece lógico suponer que, como en la Tierra, el instinto de supervivencia y perpetuación de la especie será algo muy intenso.

A la hora de intentar adivinar el razonamiento de otras civilizaciones, sin embargo, no podemos saber qué experiencias habrán tenido, ni cómo habrá evolucionado su sociedad y su percepción del mundo. **Todo ello son factores que determinarán cómo se comportarán y a qué darán más importancia o menos.** Es posible que haya conceptos que a nosotros nos resulten básicos, que sean completamente incomprensibles para ellos, y viceversa. Uno de los casos más curiosos es el de las placas de las sondas Pioneer. Al igual que las sondas Voyager 1 y 2, las sondas Pioneer 10 y 11 llevaron consigo una placa con información sobre el ser humano y la Tierra.

Comentamos, anteriormente, que la presencia de una flecha en las placas de las sondas Pioneer 10 y 11 era un posible problema, porque no todas las civilizaciones deberían tener nuestra propia historia y experiencias. Por cierto, también se criticó que se dibujase a dos seres humanos, hombre y mujer, con sus genitales.

Si esto nos pasa con algo que podríamos considerar básico, imaginemos la dificultad de intentar intuir qué razonamiento aplicarían para decidir qué lugares visitar, o qué usos hacer de su tecnología. Así que, en realidad, no tiene sentido intentar preguntarse qué podría llamarles la atención de unos planetas u otros.

Repitamos la cifra: 200 000 millones de estrellas. 200 000 millones de planetas, tirando por lo bajo. Hemos visto en capítulos anteriores que podría haber miles de millones de planetas potencialmente habitables. Así que el primer paso es preguntarse si nuestro mundo estaría cerca de esa posible civilización. El segundo es cuestionarse qué información podría haber viajado hasta ese mundo para saber qué percepción tendrían de la Tierra.

Este es el auténtico meollo de la cuestión. **Desde un lugar a 100 años-luz, la Tierra se verá tal y como era hace 100 años. A 10 000 años-luz, tal y como era hace 10 000 años, y así sucesivamente.** Hemos hablado ya de las señales tecnológicas, aquellas que indudablemente apuntan a la presencia de una civilización, y de que la primera señal tecnológica de nuestra civilización se emitió en 1936. **Por lo que, como ya adelantábamos en el capítulo V, resulta poco creíble que en la antigüedad nos visitasen. No tenían forma posible de saber que había una civilización en la Tierra.** Como mucho, podrían haber deducido que nuestro planeta tenía vida compleja, pero no podrían haber afirmado sin género de dudas que hubiese una civilización.

Del mismo modo, **si establecemos que es imposible viajar a través de agujeros de gusano o similares** (recordemos, no se ha detectado ninguno) y que estamos limitados a viajar, como mucho, a velocidades cercanas a la de la luz, **un planeta a 2000 años-luz es muy poco interesante.** Lo peor de todo es que, para bien o para mal, esa distancia es apenas un suspiro en la escala astronómica. Estamos a 26 000 años-luz del centro de la galaxia y, generalmente, se suele decir que la Vía Láctea mide unos 120 000 años-luz. **Es decir, aunque hay billones de galaxias en el universo observable, lo cierto es que en una sola galaxia hay espacio más que suficiente por explorar.**

Las distancias en el espacio pueden ser uno de los principales factores limitantes, especialmente si no hay forma de viajar rápidamente de un lugar a otro. Esto nos lleva a replantearnos la pregunta de dónde podría haber vida inteligente. Por un lado, ¿cuál es la posibilidad de que aparezcan dos civilizaciones en un mismo sistema planetario? ¿Cómo se desarrollarían y se comportarían? Las suposiciones en este sentido son fáciles. Ya hemos visto que la vida podría desplazarse a otros planetas por medio de la panspermia.

No hay nada, por tanto, que diga que, de haber dos planetas habitables en un mismo sistema, la vida pudiese aparecer y desarrollarse en ambos. Por ejemplo, si Marte y Venus hubiesen seguido un camino diferente, es posible que hubiese sucedido. En un sistema como TRAPPIST-1, con muchos planetas cerca entre sí, nos encontramos con un escenario que es muy tentador. Esto fue explorado en un estudio publicado en 2015, por Jason Steffen y Li Gongjie (titulado *Dynamical considerations for life in multihabitable planetary systems*). En su caso, se inspiraron en el descubrimiento de dos exoplanetas, Kepler-36 b y Kepler-36 c. Ambos están muy cerca entre sí (y el estudio se publicó antes de que se conociesen lugares como TRAPPIST-1). Por lo que se preguntaron si, en un lugar con condiciones más adecuadas (ninguno de esos dos planetas está en la zona habitable de su estrella), la vida podría expandirse a otros planetas del sistema. Su conclusión fue que sí, que no había nada que lo impidiese.

Así que podemos imaginar un escenario en el que dos mundos desarrollen vida completamente, como en la Tierra. Desde la perspectiva de estos planetas, cada pocos años, ven en el firmamento el otro mundo. Así que sabrán, tan pronto como tengan esa capacidad, que no son la única vida inteligente del universo. ¿Cómo se comportarán con sus congéneres? Cuando llegue el momento de intercambiar mensajes de radio (algo que aquí sí podrían hacer rápidamente), podemos suponer que habrá todo tipo de reacciones posibles. Puede que se comporten con esperanza y optimismo. A lo mejor optan por el recelo, al no saber cómo reaccionarán. También puede ocurrir que la civilización más desarrollada intente imponer su dominio o que quiera ayudar a la otra a evolucionar y alcanzar su mismo nivel tecnológico. La pregunta de fondo, sin embargo, es la misma y es aplicable a nosotros mismos. ¿Cómo reaccionaremos cuando descubramos la primera civilización extraterrestre?

Es posible que estemos limitados a no poder relacionarnos con otras civilizaciones en un período de tiempo breve. No solo nosotros, también la inmensa mayoría de vida inteligente que pudiese haber en el universo (cabe suponer que, en algún lugar, realmente podría haber dos civilizaciones vecinas que estén en contacto).

Por otro lado, un límite del que no hemos hablado es el de nuestra propia supervivencia. **La extinción es una posibilidad inevitable.** Podría ser por un asteroide lo suficientemente grande como para acabar con nosotros (y no disponer de la tecnología necesaria para evitarlo). Quizá por una supernova cercana (si bien no hay que preocuparse en ese sentido, ya que no hay ninguna estrella, en nuestro entorno, que tenga la capacidad de explotar así en los próximos milenios). Hay otras posibilidades, mucho más extrañas, pero también posibles, como una ráfaga de rayos gamma que deje nuestro planeta completamente esterilizado.

Pero hay una opción que es inevitable y a la que todas las civilizaciones se tendrán que enfrentar, independientemente de que puedan viajar a otras estrellas o no. **Todas las civilizaciones, en algún momento de su existencia, suponiendo que no se extingan antes, tendrán que hacer frente a la muerte de su astro natal.** En el caso del ser humano, es algo que sucederá dentro de unos 4500 millones de años. El Sol tardará, todavía, mucho tiempo en morir (al menos desde el punto de vista de un ser humano). **Mucho antes, en unos 1100 millones de años, los océanos de la Tierra se habrán evaporado y nuestro planeta dejará de ser habitable.** Pero no es difícil imaginar que, si seguimos por aquí en ese entonces, tendremos tecnología más que suficiente para establecernos en otros lugares del Sistema Solar, ya sea con colonias orbitales o en las superficies de otros objetos.

Sin embargo, **la muerte del Sol es algo que afectará profundamente a todo el Sistema Solar.** Mercurio, Venus y quizá la Tierra serán destruidos durante la fase de gigante roja. **En ese período, incluso mundos como Júpiter o Saturno estarán demasiado cerca del Sol para ser habitables.** Pero después, con la llegada de la fase de enana blanca, todo volverá a cambiar dramáticamente. **Si no es posible viajar a un porcentaje significativo de la velocidad de la luz, una civilización podría verse obligada a tener que enfrentarse a la muerte de su estrella en su propio sistema natal.** Lo irónico de esto es que, si consiguiesen sobrevivir, por delante tendrían miles de millones de años de condiciones mucho más tranquilas que en los últimos estertores del astro.

Es una idea que resulta poco intuitiva. ¿Cómo podría ser interesante buscar vida en torno a cadáveres estelares? Las estrellas de neutrones ofrecen condiciones infernales y no parecen particularmente atractivas. De los agujeros negros no es necesario ni hablar. Pero las enanas blancas son algo diferentes. Esto ha llevado al investigador John Gertz a publicar un estudio en el que plantea que las enanas blancas quizá sean un buen lugar en el que buscar civilizaciones extraterrestres.

Una enana blanca ya no tiene fusión de elementos, pero se enfría lentamente, a medida que emite su calor al espacio. Es un proceso demasiado lento. Tanto que el Sol pasará mucho más tiempo como enana blanca que como estrella de secuencia principal. Así que, se pregunta el investigador, por qué no considerarlas como cualquier otra estrella que pudiese ser candidata.

Es lógico suponer que, a una distancia concreta, habrá una zona habitable. **En algún lugar, en torno al cadáver de la vieja estrella, tiene que haber un punto en el cual la temperatura sea la adecuada para la existencia de agua en la superficie de un planeta.** Es importante tener presente que, por ahora, no ha habido muchos estudios respecto a la posible habitabilidad de planetas en torno a enanas blancas. Los planetas, durante la muerte de su estrella, pasan por cambios muy profundos, por lo que puede que, en realidad, estemos planteando un escenario que resulta totalmente imposible. Aunque no tiene por qué ser importante si pensamos en una civilización capaz de vivir cómodamente en colonias orbitales distribuidas en la región apropiada, y con acceso a los elementos necesarios en su entorno.

Si no hay ningún lugar habitable cercano posible para una civilización, bien podrían intentar sobrevivir a la muer-

te de su estrella y permanecer en su sistema natal. Tras entrar en la fase de enana blanca, esa estrella ya no cambiará significativamente, solamente seguirá enfriándose. No solo eso, **se calcula que, en la actualidad, en torno al 15 % de las estrellas del universo son enanas blancas.** Así que no hablamos de objetos que sean particularmente raros. En este contexto, una civilización podría decidir que, tras haber pasado lo peor, no hay motivo alguno para abandonar su hogar natal y permanecer allí. Tendrán un hogar durante decenas de miles de millones de años. Tiempo suficiente para que la tecnología siga avanzando y, quizá, llegar a encontrar planetas habitables en estrellas que se acerquen lo suficiente en el futuro.

Pero si hablamos de límites, también tenemos que hablar de otro que no podemos ignorar. ¿Cuál es el tiempo de supervivencia de una civilización? Es decir, ¿y si no encontramos otras civilizaciones, simplemente, porque tarde o temprano todas terminan desapareciendo? La pregunta es difícil de contestar porque podemos imaginar situaciones en las cuales borrar toda una civilización de la faz de una galaxia se antoje complicado.

El momento crítico, sin duda, va desde el nacimiento de la propia civilización hasta su conversión en una sociedad interplanetaria. Durante todo ese tiempo, estarán a merced de la naturaleza. El impacto de un gran asteroide, una glaciación, un período volcánico tremendamente activo… serían capaces de erradicarla. No llegarían a tener la posibilidad de intentar asegurar su existencia. **Por eso, se dice que la sociedad interplanetaria debería ser la primera meta. Con presencia en dos lugares diferentes, en cierto modo podemos decir que nos encontramos con una civilización inmortal.** De ahí que incidiésemos anteriormente en la utilidad de tener una presencia permanente en Marte.

Eso sería suficiente para asegurar que, si algo le pasase a la Tierra, el ser humano podría seguir existiendo (otra cosa sería en qué condiciones). Pero hay otros fenómenos, como una supernova, que son capaces de arrasar con toda una civilización. En ese caso, sería necesario convertirse en una sociedad interestelar para poder sobrevivir. Pero tampoco sería suficiente con colonizar estrellas cercanas, ya que se verían afectadas, igualmente, por una supernova. Habría que desplazarse lo suficientemente lejos para asegurar que, en caso de que se produjese un cataclismo cósmico, los mundos habitados de esa civilización no se viesen arrasados. Si todo eso se cumple, parece lógico suponer que ahí ya nos encontraríamos ante una civilización que sería inmortal. Solo la muerte del propio universo podría poner fin a esa sociedad.

Un aspecto positivo es que este tipo de fenómenos (supernovas, ráfagas de rayos gamma y similares) son extremadamente raros, por lo que no suponen el mismo grado de amenaza que los impactos de asteroides o las erupciones de supervolcanes.

Pero es un hilo de pensamiento que puede darnos pistas para intentar no repetir los errores de aquellas civilizaciones que hubiesen podido existir antes que la nuestra. Es, al menos, el planteamiento que Abraham Loeb ha defendido en alguna ocasión. Si hay vida en otros lugares de la galaxia, como ya hemos explicado, es lógico suponer que no somos la primera civilización del cosmos.

Habrá habido civilizaciones que habrán sobrevivido y, también, otras que se habrán quedado en el camino. No solo eso, puede que la mayor parte de civilizaciones anteriores a la nuestra hayan muerto. No es un escenario imposible. **En nuestra propia historia reciente hemos visto que tenemos la capacidad de desarrollar armas tan potentes como para acabar con gran parte de la vida en la Tierra.**

No hay ningún motivo para pensar (aunque deseáramos pensar lo contrario) que esa es una cualidad exclusivamente humana. **En la actualidad, estamos alterando el clima de nuestro planeta, y ello provoca que se convierta en un lugar hostil para nosotros mismos.** Si no se toman las medidas adecuadas, bien puede provocarse la desaparición del ser humano… de nuestra propia mano. **Este escenario podría haber sucedido en otros momentos de la historia de la galaxia.**

Así que Loeb defiende que, simplemente, deberíamos encontrar artefactos, reliquias de civilizaciones que existiesen antes de la llegada del ser humano, quizá incluso en el Sistema Solar. Si se descubriesen esas reliquias, es posible que se pueda entender qué provocó que esa civilización desapareciese y, en consecuencia, que podamos descubrir cómo evitar nuestra extinción. Por tanto, supongamos que descubrimos los restos de una civilización que desapareció por alterar el clima de su planeta más allá de un punto reversible...

Sería un aviso que tener en cuenta visto lo que estamos haciendo en nuestro planeta. Del mismo modo, el estudio de la atmósfera de un exoplaneta podría revelar la presencia de elementos nucleares. Si no se detecta señal alguna de vida inteligente extraterrestre, bien podríamos estar ante las consecuencias de una guerra nuclear que terminó poniendo fin a la existencia de esa sociedad. Es decir, sabríamos que el camino que estábamos recorriendo, a finales del siglo XX, podría llevarnos a un destino irreversible. Así, podemos seguir planteando diferentes escenarios en función de los artefactos que imaginemos.

¿Esto por qué es importante? De nuevo, no porque Loeb defienda que haya artefactos de viejas civilizaciones a nuestro alrededor (o, al menos, no que sean abundantes); sino porque **estamos ante un recordatorio de lo joven que es nuestra civilización tecnológicamente hablando.** Nuestra tecnología apenas tiene unos pocos siglos (en función de dónde queramos establecer el baremo). **Encontrar reliquias de otras civilizaciones nos ayudaría a ver qué nos espera durante el recorrido.** Tendemos a pensar e imaginar las posibilidades más fantasiosas. A saber, sociedades muy avanzadas, incapaces de cometer acciones malvadas y que colonicen otros lugares de la galaxia, al tiempo que se convierten en sociedades idílicas.

Pero sabemos, por nuestra propia experiencia, que el mundo real no es así. **Del mismo modo que podemos terminar siendo una civilización avanzada, podemos desaparecer sin que ninguna otra vida inteligente de la galaxia, si es que la hay, llegue a saber que existimos.** Por delante tenemos un camino muy largo que recorrer y muchas preguntas a las que contestar. De hecho, **el propio Abraham Loeb ha llegado a sugerir que quizá estamos haciéndonos una pregunta que somos incapaces de contestar por el hecho mismo de que no hemos madurado lo suficiente.**

En ocasiones se ha planteado que podría haber otras civilizaciones en la galaxia. Todas mucho más avanzadas que la nuestra y, también, en contacto entre ellas. Una confederación de civilizaciones interestelar que vive su día a día en armonía y que observa cuidadosamente el desarrollo de aquellas sociedades, todavía primitivas, que van descubriendo a lo largo y ancho de la Vía Láctea.

Esa confederación se limita, únicamente, a observar cómo evolucionan esas sociedades y sus respectivas tecnologías. Solo al llegar a alcanzar la madurez tecnológica, se decide desvelar su presencia a esa civilización. Una especie de bienvenida interestelar a aquellas sociedades que progresan lo necesario como para expandirse a otros lugares de la galaxia. Fue algo que el propio Carl Sagan planteó en *Cosmos*, invitándonos a dejar volar la imaginación sobre por qué la ausencia de señal alguna de vida inteligente no quiere decir, necesariamente, que no haya nadie.

A fin de cuentas, si imaginamos que tienen una tecnología mucho más avanzada que la nuestra, ¿por qué no iban a tener la capacidad de ocultarnos su presencia y así evitar influir en nuestra sociedad hasta que llegara el momento adecuado?

De hecho, puede que sea un buen momento, ahora que encaramos la recta final de este viaje por el sinfín de las posibilidades, para dejar de echar un vistazo a todos esos posibles mundos habitados que están repartidos por la Vía Láctea. En su lugar, pensemos en nuestra propia historia; en nuestro pasado, en nuestro futuro y en las lecciones que nos puede traer la búsqueda de vida extraterrestre. Porque sabemos que la vida en la Tierra ha estado presente desde el momento mismo en que pudo darse, es decir, cuanto antes. En su pasado quizá hubiese alguna sociedad; de su futuro, podemos pensar en nuestra evolución mientras nos convertimos en una sociedad interplanetaria, y un largo etcétera.

CAPÍTULO XIV
CIVILIZACIONES PASADAS Y FUTURAS

Normalmente, cuando pensamos en otras civilizaciones, imaginamos que se encontrarán en algún lugar remoto, lejos de nuestro planeta. Estarán ocultas, en algún lugar de la Vía Láctea, esperando a que alguna de sus señales sea detectada por nosotros y, finalmente, podamos descubrir que no estamos solos en el universo. Es mucho menos habitual, sin embargo, pensar que quizá no hace falta mirar tan lejos para saber cómo podríamos encontrar otras civilizaciones. **En ocasiones, por extraño que pueda parecer, un escenario en principio absurdo puede ser un buen punto de partida.** Es lo que se hizo, por ejemplo, allá por 2018, con un estudio llamado *The Silurian Hypothesis: Would it be possible to detect an industrial civilization in the geological record*, de los investigadores Gavin Schmidt y Adam Frank.

En él se planteaba algo que podría parecer descabellado. Sabemos que somos la única especie, en la historia de la Tierra, que ha logrado desarrollar maquinaria, electricidad o sistemas de comunicaciones en masa. En definitiva, que ha logrado convertirse en una civilización industrial. No hay nada que indique que hubo civilización alguna anterior a la nuestra. Ni huellas en el registro fósil, ni evidencias en el registro geológico. Pero, aun así, estos dos investigadores decidieron hacerse esa pregunta. Si hubiese existido una civilización industrial, hace millones de años, ¿seríamos capaces de encontrar los indicios de su existencia en el registro geológico? A su vez lo extienden, en un escenario mucho más interesante, a cómo podríamos encontrar una civilización extraterrestre con esas características.

Es importante incidir en que en ningún momento estamos planteando que hubiese una civilización anterior a la nuestra. Estamos realizando un ejercicio de imaginación con el objetivo de entender mejor qué podríamos esperar encontrar en otros lugares. A fin de cuentas, el razonamiento es simple. **Una civilización extraterrestre, al igual que nuestra sociedad, se habrá desarrollado desde un punto inicial.** Parece lógico suponer que, en algún momento de ese camino hasta el nivel de desarrollo que queramos imaginar (como el nuestro u otro muy superior, no es importante en este caso), habrán llegado a convertirse en una civilización industrial.

De hecho, la primera pregunta que se plantean es esa. ¿Cuál es la frecuencia de una civilización industrial? Aquí nos alejamos de esa romántica idea de las civilizaciones extraterrestres más avanzadas que la nuestra. Simplemente, se plantean con qué frecuencia aparecerán sociedades así.

El inconveniente es el mismo que hemos visto en otras ocasiones a lo largo de este libro. **No hay un punto de partida claro porque somos el único ejemplo que conocemos.** Para colmo de males, **en el contexto de la historia del planeta, apenas somos un suspiro.** Nuestra civilización es industrial desde hace solo unos pocos siglos.

Así que, en un intento por establecer algunos límites, recurren a la ecuación de Drake. No es una maniobra sorprendente. Lo que sí es más original es que plantean que quizá, a lo largo de la historia de la vida en un planeta, puede que una civilización industrial aparezca en diferentes ocasiones (en cuyo caso, quizá seamos la primera civilización industrial de la Tierra, pero no la única que aparecería en su historia). A eso le añaden los efectos perceptibles, a nivel geológico, de la industrialización, de modo que pueden rastrear eventos similares, en el registro geológico, que pudiesen deberse a la existencia de una posible civilización. Uno de esos eventos es la presencia de isótopos de carbono, oxígeno, hidrógeno o nitrógeno.

Cabe recordar que un isótopo es, en esencia, una variante de un elemento. Tiene el mismo número de protones, pero una cantidad diferente de neutrones. Esas variaciones podrían deberse a las emisiones de gases de efecto invernadero y el uso de fertilizantes. También podrían buscar aumentos del ritmo al que se depositaban los sedimentos en los ríos y en las costas. Algo que se vería provocado por la agricultura, la deforestación y el excavado de canales. Incluso indicios de aparición de animales domesticados o la extinción de especies podría ser una señal de un proceso de industrialización.

Lejos de conformarse con plantear este tipo de hipótesis, los investigadores también revisaron la historia de la Tierra. Se fijaron en aquellos períodos en los que hubo una temperatura más bien elevada, como, por ejemplo, el Máximo Térmico del Paleoceno-Eoceno, sucedido hace 56 millones de años. En ellos se observa este aumento de la temperatura, la presencia de isótopos de carbono y oxígeno y otras pistas que podrían esperar encontrarse si hubiese habido una civilización industrial. Por ejemplo, en aquel período, la temperatura aumentó entre 5 y 7 grados. Algo que bien podría interpretarse como la consecuencia de un cambio climático. No solo eso, los investigadores añadían que se podría investigar el registro geológico en busca de anomalías en la composición de sedimentos. Después, se podría comparar con el registro fósil en busca de especies candidatas, que hubieran podido ser esa posible civilización de turno.

En el caso de la Tierra, en realidad, los investigadores no plantean que haya habido una civilización anterior a la nuestra (algo a lo que, por cierto, denominan hipótesis siluriana). Recuerdan que, en la mayoría de los casos, allá donde se observa un cambio climático pronunciado en la historia del planeta, también se observa una conexión con cambios en la actividad volcánica y tectónica. No solo eso, **gracias a nuestro impacto en la actualidad, sabemos que fenómenos**

como el cambio climático, provocado por el ser humano, es mucho más rápido de lo que sucede en la escala geológica.

El objetivo más interesante de este estudio, como quizá se intuya, es que podría aplicarse en el caso de Marte y Venus. Si existieron civilizaciones industriales hace miles de millones de años, en ambos mundos, las huellas de su existencia podrían haberse preservado en sus respectivos registros geológicos.

El estudio, en realidad, no tiene mayor ambición que la de plantear una pregunta que nos permite caer en la cuenta de que hay otras alternativas. No hay nada que haga pensar que hubo una civilización anterior a la nuestra en la Tierra. Pero, sabiendo que tanto Venus como Marte, en el pasado, fueron mucho más parecidos a nuestro mundo, ¿podemos descartar que allí apareciese una civilización similar a la nuestra o menos desarrollada? Si fuese así, la respuesta la encontraríamos en el registro geológico. Es decir, **no necesitamos buscar civilizaciones extraterrestres más allá del Sistema Solar. Al menos no en todos los aspectos.** Está claro que, ahora mismo, no hay ninguna civilización en este rincón de la Vía Láctea. Pero, en el pasado, antes de que apareciésemos nosotros, quizá hubo una incipiente civilización en Marte o en Venus que nunca llegara a prosperar hasta el punto de poder convertirse en una sociedad interplanetaria.

El impacto sería tremendo. Por un lado, confirmaría que no estamos solos en la historia del universo. Sabríamos que hubo otras civilizaciones en la historia del cosmos y que ni siquiera hacía falta salir del Sistema Solar para encontrarlas. Por otro, nos indicaría que el Gran Filtro, probablemente, podría estar todavía por delante de nosotros. Un recordatorio de que deberíamos trabajar duro para asegurar que somos capaces de convivir con nuestro entorno, así como de hacer frente a la amenaza que plantean los impactos de asteroides o cometas tan grandes como para acabar con el ser humano. También podría llevar a pensar que las civilizaciones podrían ser muy abundantes, pero que simplemente no viven durante mucho tiempo.

Es algo que ya se ha expuesto en varias ocasiones. **El factor tiempo es un punto importante en todo esto.** ¿Cuál es la posibilidad de que exista una civilización en un momento al azar de la historia del universo? Considerando que estamos aquí, sabemos que hay motivos para creer que ha habido (y habrá) otras civilizaciones en la historia del cosmos.

Otra cuestión, sin embargo, es la posibilidad de que varias civilizaciones coexistan en el mismo momento temporal. Algo que se ve aumentado por la limitación que plantea la velocidad de la luz. **Puede que la última civilización en la Vía Láctea, antes de nuestra llegada, desapareciese hace 1000 millones de años, y que la siguiente no aparezca hasta dentro de otros tantos. En ese caso, cada una de las civilizaciones estaría aislada del resto por no haber coincidido.** Tarde o temprano, algo terminaría extinguiéndolas. A fin de cuentas, ese escenario permite reconciliar lo que parece observarse.

Por un lado, como ya hemos visto, todo el material necesario para la vida parece ser abundante a lo largo y ancho del cosmos. Por otro, no parece haber actividad de civilizaciones en los demás lugares de la galaxia. ¿Es posible que solo se deba a que en pocos planetas llega a aparecer la vida? Por supuesto. Pero también puede deberse a que las civilizaciones aparecen con frecuencia, pero no llegan a vivir lo suficiente como para dar el salto más allá de su hogar natal.

Podríamos continuar repasando la inmensa multitud de estudios que se han publicado con el paso del tiempo. Algunos rozan, en ocasiones, lo fantástico, otros son mucho más asentados. Como ejemplos de lo primero, podemos mencionar un estudio de Milan Ćirković y Branislav Vukotić, *Long-term prospects: Mitigation of supernova and gamma-ray burst threat to intelligent beings*, publicado en 2016 en la revista *Acta Astronautica*. En él, los autores plantean el peligro que suponen las amenazas cósmicas para las civilizaciones tremendamente avanzadas. Es decir, cosas como una supernova que amenace con acabar con los asentamientos de una civilización con una capacidad tecnológica inimaginablemente superior a la nuestra (sería de tipo III en la escala de Kardashov).

Fenómenos tremendamente violentos que, por mucho que quisiésemos, no podríamos evitar. Pero que, para una civilización capaz de alterar grandes regiones del espacio a voluntad, construyendo estructuras enormes, podría ser manejable. Los investigadores plantean que, a pesar de lo avanzado de esa tecnología, sin duda deberíamos poder detectar su presencia con las herramientas de las que disponemos hoy en día. El inconveniente es que se trata de fenómenos más bien raros. De media, en la Vía Láctea se produce una supernova cada 50 años. ¿Cuál es la probabilidad de que alguna suceda en el entorno de una civilización tan avanzada? Probablemente es tan baja que no vale la pena ni pensar en la posibilidad, pero eso no impide que se pueda abordar el tema desde un punto de vista teórico.

Este tipo de planteamientos propone, en definitiva, buscar lo que se viene a conocer como SETI dysoniano. Es decir, intentar detectar señales de estructuras que estén solo al alcance de una civilización mucho más avanzada que la nuestra. No es más que una evolución del concepto de la esfera de Dyson y un intento por enfatizar que no es necesario fijarse únicamente en las ondas de radio y en esperar recibir un mensaje extraterrestre.

El inconveniente en este caso es que, como ya hemos mencionado, **nos vemos limitados por nuestra propia capacidad para imaginar situaciones y tecnologías. No podemos imaginar una tecnología que no conocemos,** por lo que una estructura como una esfera de Dyson, en realidad, no deja de ser una evolución de nuestra propia tecnología (en ese caso en particular, la tecnología existente en 1965, cuando la planteó Freeman Dyson).

Por otro lado, nos encontramos planteamientos mucho más mundanos. Por ejemplo, analizar las atmósferas de exoplanetas en busca de compuestos como clorofluorocarbonos, que apuntaría a la presencia de una civilización como la nuestra, sin necesidad de imaginar tecnologías imposibles o situaciones poco frecuentes. A fin de cuentas, una civilización pasará, en algún momento de su existencia, por una etapa similar a la nuestra. Si nosotros hemos contaminado la atmósfera de la Tierra, no hay ningún motivo para pensar que otras civilizaciones no cometerían el mismo error en sus lugares de origen. **También podemos obviar la vida inteligente y conformarnos con detectar vida compleja.** Por ejemplo, la presencia de vegetación en algún exoplaneta en nuestro entorno.

Pero, sea como fuere, tenemos que pensar en el impacto que tiene la búsqueda de vida (inteligente o no), y el desarrollo de nuestra tecnología, en nuestra propia sociedad. No tenemos certeza de que haya otras civilizaciones, aunque haya motivos para pensar que deberían estar en algún lugar de la galaxia. **Con cada estudio que se publica, con cada observación que se lleva a cabo, completamos el conocimiento del universo.** En unas ocasiones con la resolución de enigmas que fueron planteados hace mucho tiempo; en otras, con nuevas interrogantes que podrían tardar años o décadas en obtener respuesta.

Un ejemplo es la aceleración de la expansión del universo. Nuestro conocimiento del universo afirma que el ritmo debería ser el mismo en todos los rincones del cosmos. Sin embargo, en el universo cercano, a nuestro alrededor, parece ser más alto de lo que se observa a grandes distancias, cuando el cosmos era mucho más joven. Eso provoca que tengamos una pista, una señal, que apunta a que podría haber algo más sobre nuestra imagen del universo. Algo que podría transformar nuestra percepción de una manera muy profunda, porque obligaría a reconfigurar algunos aspectos de la cosmología moderna.

Lo mismo se puede decir de la búsqueda de vida. Hace solo unas décadas, se pensaba que la mayoría de las estrellas no tendrían ningún planeta a su alrededor. En la actualidad, se considera que todos los astros tienen, de media, un planeta a su alrededor. Algo que eleva exponencialmente la capacidad de encontrar mundos que estén en la zona habitable de sus respectivas estrellas. Hecho que, a su vez, aumenta considerablemente la cantidad de oportunidades para que la vida pueda aparecer en otros lugares de la galaxia. **Es decir, sin necesidad de haber descubierto ser vivo alguno, más allá de la Tierra, nuestra percepción ya está cambiando.**

En estos momentos, tanto Europa como Encélado, los satélites de Júpiter y Saturno, resultan particularmente interesantes, ya que pueden tener océanos con las condiciones apropiadas para albergar vida. De ahí se ha derivado que este tipo de mundos podrían ser muy frecuentes en otros lugares de la galaxia. Quizá incluso más que los mundos rocosos con agua en su superficie, como la Tierra. El hallazgo de sistemas como TRAPPIST-1, y sus siete planetas rocosos, de los que tres están en la zona habitable, hace que nuestra imaginación eche a volar ante la posibilidad de que la panspermia sea un método de transporte válido para llevar vida de un lugar a otro.

A pesar de todo esto, por mucho que nos pueda desagradar la idea, es posible que nunca encontremos vida. Puede que, realmente, estemos solos en el universo, o al menos solos hasta donde nuestra tecnología nos deje ver. Incapaces de responder si puede haber vida en otros lugares del universo. **En algunos estudios se ha llegado a sugerir que quizá la vida sea abundante en el universo, pero estaría completamente fuera de nuestro alcance. Esas otras civilizaciones se encontrarían lejos del universo observable.** Es decir, en esas regiones del universo que no podemos ver, simplemente, porque su luz no ha tenido tiempo de alcanzarnos.

O puede que, simplemente, la vida sea algo tan sumamente raro que la probabilidad de que dos civilizaciones coincidan en el tiempo sea extremadamente reducida. El caso es que, ya sea por un motivo u otro, no podemos descartar que seamos la única civilización del universo, por muy improbable que se nos pueda antojar. En ese caso, la pregunta es inevitable. ¿Cómo reaccionaremos, como sociedad, si un día nos informan de que, definitivamente, no hay otras civilizaciones en el universo?

El primer obstáculo que encontramos al intentar responder a esta pregunta es que esto no sucederá de repente. Del mismo modo que tampoco sucederá en el sentido opuesto. Es decir, **la confirmación de que se ha encontrado vida extraterrestre no llegará inmediatamente (salvo que fuese algo muy evidente).** Hará falta mucho tiempo para que nos aseguremos de que hemos agotado todas las posibilidades. Tanto en un caso como en otro. Por ejemplo, **si se trata de una posible detección de vida, el primer paso será asegurarse de que todas las posibilidades naturales quedan descartadas porque no encajan.**

Después, será necesario verificar que realmente nos hallamos ante una señal tecnológica emitida por una civilización. Algo que quizá requiera una segunda detección para poder comprobar que no es más que un fenómeno único que, por sus características, pudo confundirse con algo de origen artificial. **Desde la detección hasta su confirmación, lógicamente, podrían pasar años o décadas hasta que finalmente se diese por aceptado.** Más tarde llegaría esa transformación que afectaría a la sociedad, al enfrentarnos al hecho de no ser las únicas criaturas inteligentes del universo.

El caso opuesto puede resultar mucho más desesperante. ¿Cómo reaccionaríamos si mañana nos dijesen que, sin ningún género de duda, no hay vida en otros lugares del universo? La confirmación tardará mucho tiempo en llegar, si es que realmente es así. A fin de cuentas, siempre quedará la posibilidad de que la siguiente generación de telescopios, más potente que la anterior, permita detectar, por fin, esa señal que se nos escapa constantemente, solo por mencionar un ejemplo.

Pasará mucho mucho tiempo antes de que el ser humano tenga que tirar la toalla. Quizá no haya vida en esta galaxia, pero sí en Andrómeda, podríamos decirnos a nosotros mismos, en cuyo caso estaríamos dándonos más tiempo para evitar enfrentarnos a esa cuestión. Aun así, supongamos que, tarde o temprano, terminase sucediendo. ¿Cómo reaccionaríamos a título personal? ¿Y como sociedad? Una posibilidad es que, simplemente, sigamos como hasta ahora, salvo que ya sabremos que somos más únicos de lo que habríamos podido pensar.

De alguna forma, algo increíble sucedió en nuestro planeta. Algo tan sumamente raro que no ha sucedido en ningún otro lugar de la galaxia. Al menos no en tiempos lo suficientemente recientes como para poder detectar su presencia. Eso, sin duda, haría que algunos individuos pudieran buscar cobijo en las religiones. A otros no les supondría ningún tipo de trastorno. A fin de cuentas, en términos prácticos, nuestra sociedad vive como si fuese la única del universo. No tenemos contacto con civilización alguna, ni nos preocupamos por qué es lo que podríamos encontrar el día de mañana. Como mucho, podría provocar que las obras de ciencia ficción, en la que otras civilizaciones son un tema muy recurrente, pasasen a considerarse del género fantástico.

La posibilidad a medio camino es descubrir vida inteligente extraterrestre..., pero sin posibilidad de establecer contacto con ellos. Es decir, tendríamos esa tranquilidad de saber que no estamos solos en el universo, aunque no podríamos comunicarnos con ellos, salvo a través de mensajes que tardarían decenas, cientos o miles de años en emitirse y recibirse. No habría confederación interestelar alguna que esté esperando a que maduremos lo suficiente para darnos la bienvenida. Simplemente, el viaje interestelar sería algo poco práctico y estaría limitado únicamente a viajes muy por debajo de la velocidad de la luz.

Cada una de las civilizaciones que existiese en la galaxia, en ese caso, sería como una isla de conocimiento en mitad del espacio. Una sociedad con una experiencia y conocimientos acumulados muy particulares, sabedores de que hay otras civilizaciones, pero incapaces de comunicarse con ellos. En ese escenario, podrían dejar volar la imaginación preguntándose cómo serán esas criaturas, cómo vivirán su día a día. Quizá incluso observando en su firmamento la estrella en la que se encuentra ese mundo. Pero, al final del día, sin un impacto tangible en su sociedad.

Imaginemos cómo podría suceder en nuestro caso. Supongamos que mañana se anunciase que se ha descubierto una civilización extraterrestre a 140 años-luz del Sistema Solar. A todos los efectos, estaría muy cerca de nuestro planeta en la escala astronómica. Sin embargo, cualquier tipo de comunicación sería poco práctica, ya que tardaríamos cerca de tres siglos en recibir respuesta. Como mucho podríamos limitarnos a enviarnos mensajes en una escala de siglos y de numerosas generaciones.

En el día a día de la generación que descubra su existencia, el impacto no duraría mucho más allá de unas pocas semanas, con los efectos que ya hemos comentado con anterioridad.

En la comunidad científica, el revuelo sería más longevo. Habría todo tipo de estudios sobre la habitabilidad de otros mundos. Se plantearía un proyecto para intentar enviar un mensaje a nuestros recién descubiertos vecinos, en un intento por aprender más de ellos, y también para contarles cómo son los seres que han descubierto su presencia. Esa primera generación podría enviar el mensaje, de una forma muy similar a como se envió el mensaje de Arecibo. Después, serán las generaciones venideras las que tendrán que encargarse de mantener vivo ese proyecto. Hará falta esperar unos 300 años (en este ejemplo) hasta recibir una respuesta. Eso quiere decir que, durante muchas generaciones, alguien tendría que seguir alimentando esa curiosidad por otras civilizaciones del universo.

De alguna manera, sería imprescindible conseguir que haya una parte de la sociedad que sea capaz de mantener la esperanza de recibir una respuesta al mensaje que sus antepasados recibieron. Pero todo ello con la incertidumbre de que realmente vayan a responder a nuestro mensaje. Además,

¿cuánto tiempo se les debería conceder: 10 años, 50 años, 100 años? ¿Cuál es el tiempo razonable para descifrar un mensaje extraterrestre? No tenemos ningún ejemplo de ello, por lo que no se puede establecer con completa seguridad.

Del mismo modo, ¿cómo podemos tener la certeza de que captarán nuestra señal? Para cuando el mensaje llegue a su destino, es posible que nadie esté escuchando. Nuestro mensaje pasaría completamente desapercibido y estaríamos esperando una respuesta en vano. Todo ese esfuerzo se iría al traste. Podría ser el último aliento de un descubrimiento que, para ese entonces, ya estaría muy asimilado. **A fin de cuentas, en ese momento el ser humano estará centrado en sus propios objetivos. Seguir expandiendo su presencia por otros lugares del Sistema Solar.** Quizá, incluso, dar los primeros pasos en busca de intentar convertirse en una sociedad interestelar.

Sea como fuere, está claro que la búsqueda de vida es algo que no vamos a abandonar a corto plazo. Es una de las ramas más importantes de la astronomía. **Apela a algo innato en todos los seres humanos, que es la curiosidad.** Todos nos hemos preguntado en alguna ocasión si estamos solos en el universo. Hemos fantaseado, igualmente, con cómo podrían ser esas criaturas inteligentes, que podrían estar en algunas de las muchas estrellas que podemos observar en el cielo cada noche.

Somos criaturas curiosas. Tenemos una necesidad de hacer y responder preguntas de forma constante. Las que rodean a la vida están entre las más intrigantes y atractivas, porque apelan a nuestra propia naturaleza. **Queremos saber cuál es nuestro origen, queremos saber cuál es el propósito de la vida. En definitiva, queremos entender el sentido de la vida.**

La búsqueda de vida extraterrestre no nos va a dar esas respuestas, pero sí nos va a permitir entender hasta qué punto lo que presenciamos en la Tierra es algo típico o extraordinario. Hay defensores de las dos posturas. Hay quienes consideran que la vida en nuestro planeta es única y que estamos solos. No quieren oír hablar de ninguna otra posibilidad. No solo eso. También hay quien, aunque cree que podría haber vida extraterrestre, considera que estudios como los mencionados aquí no deberían ser tomados en serio. Desde su punto de vista, son equivalentes a fantasear sin objetivo alguno. Y los hay que, como Freeman Dyson o Nikolai Kardashov, son capaces de aventurarse a intentar imaginar qué tipos de tecnologías podrían tener.

Nuestro viaje va tocando a su fin. En estas páginas, hemos hablado de diferentes posibilidades. Algunas tremendamente extraordinarias, otras mucho más mundanas, pero alejadas de lo que conocemos en la actualidad. **La búsqueda de vida extraterrestre, a pesar de lo que podría parecer, tiene un largo camino que recorrer antes de poder darnos una respuesta definitiva.** Por tentador que pueda resultar, tenemos que armarnos de paciencia, porque nuestra tecnología apenas está permitiéndonos, ahora, comenzar a estudiar la galaxia con el nivel de profundidad que sería deseable. Además, es cierto que podemos observar incluso galaxias tal y como eran cuando el cosmos tenía apenas cientos de millones de años. Pero, por raro que pudiese parecer, para observar exoplanetas en nuestro entorno, todavía queda mucho camino por recorrer. Pronto tendremos la posibilidad de estudiar las atmósferas de mundos cercanos.

Seguramente, no nos abrirán las puertas a encontrar vida inteligente en nuestro entorno. Quizá la haya, pero **el primer paso en este camino es encontrar vida. No hace falta tener más pretensión.** Si hay vida microbiana en algún lugar del universo, podremos suponer que, entonces, en algún otro lugar podría haber vida compleja y, quizá, incluso alguna civilización.

A fin de cuentas, **nuestra propia historia demuestra que hay que ir paso a paso.** Parece poco probable que, de golpe, vayamos a descubrir que hay vida en otros lugares de la galaxia, que es vida compleja, inteligente y que, además, tiene una tecnología mucho más avanzada que la nuestra. Pero eso, precisamente, es lo que hace que la astronomía y la búsqueda de respuestas a estas grandes preguntas sean tan fascinantes...

EPÍLOGO

Por primera vez, en la historia de la humanidad, como decía Carl Sagan, estamos en condiciones de explorar el universo en busca de respuestas a las grandes preguntas que siempre nos hemos hecho. Una de las más importantes, sin duda, es la de si hay otras criaturas inteligentes en el universo.

Ansiamos saber que no estamos solos. En otros lugares de la galaxia debe haber, nos decimos, otras criaturas que se preguntarán las mismas cuestiones que nosotros. Tendrán sus propias inquietudes y aspiraciones, miedos y sueños. **Pero la pregunta que quizá no nos hacemos es qué importancia tiene.** En estas páginas hemos repasado algunos de los planteamientos más exóticos (y muchos firmemente anclados en la ciencia) en lo concerniente a la búsqueda de vida. Al final, en función de cuáles sean nuestras aspiraciones, es inevitable terminar con un sentimiento de vacío, al no encontrar respuestas definitivas. O puede ser de triunfo, al sentirnos sabedores de que esta es una misión inútil por no tener aún suficiente tecnología para poder descubrir otras civilizaciones (o porque consideremos que, simplemente, no existen y estamos solos en la Vía Láctea).

Irónicamente, en la búsqueda de vida extraterrestre a menudo nos encontramos con que cuanto más se mira hacia otros lugares de la galaxia, más aprendemos sobre nosotros mismos. En cien mil millones de estrellas, es posible que seamos las únicas criaturas con la capacidad de hacerse preguntas sobre su propia existencia. Quizá incluso las únicas criaturas entre dos billones de galaxias. Es algo que nos brinda una oportunidad magnífica para apreciar a aquellos que nos rodean, para recordar a nuestros seres queridos y para valorar el simple hecho de existir y tener la capacidad de ser consciente de ello. Puede que seamos las únicas criaturas capaces de sentimientos tales como el amor, la alegría o la pena, y la capacidad de juzgarlos y valorarlos en su debida dimensión.

Si se encuentra vida inteligente, algún día, será toda una revolución, qué duda cabe. **En ese camino, mientras tanto, aprendemos que la vida en la Tierra es algo que debemos cuidar y apreciar.** Tenemos la fortuna de poder observar el cosmos y hacernos preguntas sobre nosotros mismos, sobre nuestro entorno y sobre el lugar en el que nos encontramos. **Somos los responsables de nuestro destino, sin importar de dónde vengamos o adónde vayamos.** Tanto si somos la única civilización como si no es así, nada cambiará el hecho de que cada uno de nosotros es especial, de una u otra manera. Tenemos la obligación, para con el universo, de no desperdiciar la oportunidad que se nos brinda. **Durante un breve momento en la vida del cosmos, nos convertimos en la expresión de una secuencia de eventos extraordinaria que ha permitido que estemos aquí, leyendo estas palabras.**

Por eso, lo importante, en realidad, no es si hay otras civilizaciones. O si están más o menos cerca del Sistema Solar, ni si han venido en el pasado o vendrán en el futuro. **Lo auténticamente importante es que estamos aquí, tú, yo y miles de millones de personas más.** No necesitamos encontrar vida inteligente del universo, porque ya está aquí. Si hay otras civilizaciones, con ellos compartiremos el manto de ser las únicas criaturas capaces de maravillarse por su propia existencia.

Pero, incluso si las hubiese, **hay un manto que seguirá siendo únicamente nuestro: el de hacer que nuestro día a día, nuestra civilización, nuestro planeta, sea cada vez un lugar mejor.** Tanto para los más afortunados como para los más desafortunados. Dando lo mejor de nosotros mismos, haciendo que el mundo sea un poquito más acogedor que ayer, estaremos poniendo nuestro granito de arena para que nunca dejemos de caminar hacia delante. **Así nos convertiremos en esa civilización extraterrestre que, en ocasiones, parecemos anhelar como una versión mejor de nosotros mismos.** Criaturas bondadosas, con una capacidad para hacer el bien, explorar el universo, preguntarse sobre la vida, etc., que, aparentemente, no tenemos. Salvo que no seremos una civilización extraterrestre. Será la civilización del ser humano. Si lo deseamos, ese será nuestro futuro, uno que nos permitirá continuar explorando el cosmos en busca de la respuesta a una de las preguntas más complejas que nos podemos hacer. Si no lo conseguimos, quizá simplemente nos convirtamos en una más de las muchas civilizaciones fallidas que podrían haber existido en la historia del cosmos… La decisión es nuestra.

Como decía Carl Sagan: «Cada uno de nosotros es, desde una perspectiva cósmica, valioso. Si un ser humano está en desacuerdo contigo, déjale vivir. En cien mil millones de galaxias, no encontrarás otro igual».